AF377857

Quand la France disparaît du monde

DU MÊME AUTEUR

Ouvrages

LA RÉGION EN QUÊTE D'AVENIR, La Documentation française, Notes et études documentaires, 1986.

LA CRISE AFRICAINE : QUELLE POLITIQUE DE COOPÉRATION POUR LA FRANCE ? (avec F. Magnard), PUF, 1988.

UN PROJET ÉDUCATIF POUR LA FRANCE (sous sa direction), PUF, 1989.

LA SOCIÉTÉ DÉPOLITISÉE. ESSAI SUR LES FONDEMENTS DE LA POLITIQUE, PUF, 1990.

LA POLITIQUE, PUF, Que sais-je ?, 1991, 2e éd., 1993.

LE SPERMATOZOÏDE HORS LA LOI. DE LA BIOÉTHIQUE À LA BIOPOLITIQUE (avec F. Magnard), Calmann-Lévy, 1991.

LES ÉLITES ET LA FIN DE LA DÉMOCRATIE FRANÇAISE (avec R. Delacroix), PUF, 1992.

LA RÉPUBLIQUE, PUF, Que sais-je ?, 1993.

PHILOSOPHIE POLITIQUE, PUF, Premier cycle, 1994, 2e éd., 1998.

HISTOIRE DES DOCTRINES POLITIQUES EN FRANCE, PUF, Que sais-je ?, 1996.

LE TOMBEAU DE MACHIAVEL. DE LA CORRUPTION INTELLECTUELLE DE LA POLITIQUE, Flammarion, 1997.

LA FACE CACHÉE DU GAULLISME. DE GAULLE OU L'INTROUVABLE TRADITION POLITIQUE, Hachette littératures, 1998.

LES VALEURS DES MODERNES. RÉFLEXIONS SUR L'ÉCROULEMENT POLITIQUE DU NOUVEAU SIÈCLE, Flammarion, 2003.

FRANCE : LA RÉFORME IMPOSSIBLE ?, Flammarion, 2004.

DE L'ESPRIT DE DÉCISION. POUR SORTIR DE L'APPROXIMATION POLITIQUE (dialogue avec M. de Fabiani, conduit par L. Van Eeckhout), Gualino éd., 2006.

FAUT-IL SAUVER LE LIBÉRALISME ? (avec M. Canto-Sperber), Grasset, 2006.

POUR UNE NOUVELLE PHILOSOPHIE POLITIQUE. DE LA PHILOSOPHIE À L'ACTION, ET RETOUR I, PUF, 2007.

Rapports officiels

Fonctions publiques : enjeux et stratégie pour le renouvellement (avec B. Cieutat), La Documentation française, 2000.

Organiser la politique européenne et internationale de la France (avec J. Lanxade), La Documentation française, 2002.

L'expertise internationale au cœur de la diplomatie et de la coopération au XXIe siècle. Instruments pour une stratégie française de puissance et d'influence, mai 2008, en ligne

www.ladocumentationfrancaise.fr/rapports-publics/084000476/index.shtml.

Nicolas Tenzer

Quand la France disparaît du monde

BERNARD GRASSET

PARIS

ISBN 978-2-246-74811-3

À LA RECHERCHE DE LA FRANCE...

Nous pensons parfois que nous comptons encore dans le monde. Membre permanent du Conseil de sécurité des Nations unies, du G8, à l'origine de nombreuses initiatives diplomatiques, capable de rassembler à Paris, sous son égide, des dizaines de pays, disposant du deuxième réseau d'ambassades au monde, d'un ensemble impressionnant d'écoles et de lycées français, de centres et d'instituts culturels, détentrice de l'arme nucléaire, la France se voit. Ajoutons-y Airbus – franco-allemand certes –, la fusée Ariane, Suez, Veolia, AREVA, Renault-Nissan, LVMH et quelques autres grands groupes mondiaux, notamment dans le secteur de l'armement, et sa position, encore aujourd'hui, de cinquième économie mondiale.

Pourtant, sans s'en apercevoir, la France disparaît du monde. Elle le fait discrètement, en catimini, comme un invité qui part à l'anglaise pour ne pas interrompre les conversations, laissant çà et là quelques signes de sa beauté déchue, maquillant son absence par un trompe-l'œil adroit. Elle brique ses uniformes, faisant reluire boutons et décorations, mais elle s'efface, cherchant à faire durer la cérémonie des adieux, chantant sa vie qui fond comme une héroïne d'opéra voulant mourir debout.

Laissons ici quelques constats connus, des plus lourds au plus léger : son appauvrissement relatif par tête au cours des quinze dernières années dans la zone OCDE, l'une des plus faibles croissances de la zone euro, les signes inquiétants donnés par son déficit commercial extérieur, d'autres plus discrets et spécifiques sur nos exportations d'armement... et la concurrence croissante des nouveaux mondes sur la gastronomie et les vins.

Le mouvement de fond auquel nous ne prêtons pas attention est plus grave : nous sommes largement absents des marchés d'expertise internationaux qui gouvernent de manière accrue les politiques et les investissements des États en pleine croissance, émergents, en transition ou encore en développement ; le poids de nos idées dans les enceintes internationales s'érode et nous y perdons souvent notre crédibilité ; les règles juridiques et les normes techniques seront de plus en plus étrangères à nos conceptions et à nos pratiques ; nous sommes sortis du jeu intellectuel mondial, faute d'avoir investi les lieux où s'élaborent et se décident les politiques futures et faute aussi de faculté d'universalité du référentiel intellectuel français ; au-delà des positions officielles, notre production opérationnelle sur les sujets de stratégie internationale est étique et nous comptons quasiment pour rien dans ce domaine. Ajoutons, sans y revenir ici, que la France se marginalise, malgré certes quelques niches soutenues par des personnalités éminentes, dans la compétition scientifique mondiale ; sauf exception, la France n'attire guère les meilleurs, car qui irait dans un pays en position de relégation ?

Que cela signifie-t-il pour nous ? Une éviction des marchés les plus porteurs, une impossibilité croissante à faire valoir nos conceptions dans les négociations internationales, diplomatiques comme économiques, un cantonnement de notre politique étrangère à des « positions », car nous n'aurons bientôt plus le poids requis, faute de détenir les instruments de la puissance, une parole écoutée de plus en plus par politesse, si elle n'est pas trop verbeuse, dans l'attente de passer aux choses sérieuses. Et même quand elle organisera de belles conférences, elle n'en retirera pas les fruits concrets. France, *a poor player...*

Ombre marchante, canard sans tête, elle restera certes longtemps présente. Ses centres culturels accueilleront encore conférences et expositions et ses lycées français de bons élèves, même si certains parents étrangers ou nationaux s'interrogent de plus en plus sur la pertinence d'un cursus secondaire français ; elle remportera, çà et là, un appel d'offres, pourra toujours exercer son droit de veto au Conseil de sécurité et aura renforcé, sans doute, ses capacités de projection militaires – ce qui n'est pas un luxe. Seule institution française qui compte, par son action et ses idées, sur la scène internationale globale, l'Agence française de développement continuera à forger la pensée du développement et à s'illustrer par l'exemple, borne témoin, posée sur la banquise, de ce qui aurait pu être accompli ailleurs – regrets éternels.

Excessif ? Non, je le montrerai. Décliniste ? Encore moins. D'abord parce que les instruments de redressement existent pour autant qu'on mette en œuvre une politique extérieure sérieuse, c'est-à-dire une politique où l'intendance suit et où la pensée remplace la posture. Ce n'est pas une diplomatie dans un premier temps très médiatique, seulement efficace. Silence, on ne tourne pas ! Soyons discrets, car nous serons observés. Il faut peu de choses, mais il les faut tout de suite. Trivialité : le monde avance vite et ne nous attend pas. *La lenteur* est le titre d'un beau roman, non d'une politique responsable. Ensuite, parce que la France regorge des talents nécessaires pour lui donner un visage concret et que même les murs décatis ou trop pompeux de ses postes à l'étranger, vestiges des anciens temps, peuvent lui servir d'appuis.

Nous sommes placés devant une responsabilité historique. Nous n'avons pas le droit de voir petit.

1

Genèses.
L'international et nous :
un problème politique

REVENONS au début. Pendant près d'un an et demi, j'ai parcouru le monde. A l'origine de ces pérégrinations, une mission officielle : observer comment nous « vendions » notre expertise, travaillions dans ce contexte avec les États et les organisations internationales et pouvions améliorer nos positions dans les réseaux d'influence mondiaux. Ces voyages venaient à la suite d'autres missions et de multiples conférences, données çà et là au gré des sollicitations et des rencontres.

Ces enjeux colossaux, aucun document officiel ou officieux ne les retrace. J'eus le bonheur et parfois l'effroi de partir à la recherche de continents largement inexplorés. J'eus à rassembler les éléments épars et concassés d'un puzzle pour dresser un constat, puis pour proposer une politique qui n'existait pas, tel un détective un peu singulier qui aurait non pas à reconstituer les traces qui mènent à l'assassin, mais à rassembler les liens qui conduisent à une action positive.

Je partais quasiment sans idées et accompagné d'une feuille de route un peu vague. Nul ne m'avait dépeint les enjeux dans leur réelle ampleur, encore moins donné à percevoir la gravité du diagnostic. Tel Marivaux, je souhaitais être surpris ou m'apprêtais à l'être. Ayant déjà audité, six ans auparavant, l'organisation de notre politique extérieure, je connaissais les administrations qui en étaient chargées. En familier des ambassades, je savais où aller voir et remuer. Ce que j'ai découvert dépassait pourtant mes pires craintes. Certains eussent préféré que cela ne fût pas dit – je n'ose pas imaginer pourquoi.

Ces voyages donc, très précipités, jusqu'à l'épuisement, riches en éblouissements à la fois brefs et dont le temps raccourci forçait la densité, me conduisirent, en somme, à la recherche de la France. Plus de vingt pays visités, des rencontres dans une quarantaine d'institutions internationales, plus de mille trois cents personnes, de multiples nationalités et opinions, avec lesquelles j'ai échangé, dont j'ai recueilli le témoignage, parfois les confidences, mille cinq cents pages de notes, des dizaines de milliers de pages de documents – et mille remords aussi.

Recherche de la France donc et constat non tant d'une absence que d'une apparence de

France dont la manifestation réelle est celle d'un effacement.

Le grand aveuglement

Auscultons la source de notre effondrement. Elle tient à notre absence de réponse à ce qui constitue la base de la puissance mondiale.

Première réalité méconnue. Le pays qui entendra compter demain devra se donner les moyens de conquérir une part significative des marchés d'expertise mondiaux. Peut-être, sauf si vous êtes de la partie, ne savez-vous pas de quoi il retourne, comme d'ailleurs l'essentiel de la classe politique à laquelle cette réalité n'a jamais été mise sous les yeux. Ces marchés, en pleine expansion, seront de plusieurs centaines de milliards d'euros dans les cinq années qui viennent. Rien que pour la santé, ils représenteront 70 milliards de dollars, dont 50 pour l'Asie et l'Amérique latine. Ils concernent aussi l'environnement, l'eau, l'administration des États et des collectivités, l'éducation, la sécurité, les infrastructures, la recherche. Ces appels d'offres sont portés par les États, les organisations internationales, les grandes collectivités, les agences de coopération et quelques grandes fondations américaines. Bientôt, certains fonds souverains pourraient s'y mettre aussi. Marchés d'expertise donc, c'est-à-dire qui concernent l'organisation, le schéma qui va guider la réalisation du projet, sa nature future – par où la route va passer, comment elle va être construite, gérée, etc., ce qui signifie qu'il y aura d'autres marchés après. Le *hard* après le *soft*, pour des montants cinquante ou cent fois supérieurs.

Dès lors, outre l'enjeu économique direct que cela représente, remporter un marché d'expertise permet de bien se positionner sur sa réalisation par la suite. Plus encore, cela signifie imposer des normes, techniques et juridiques, solliciter des bonnes pratiques, capitaliser sur les succès pour monter de nouveaux projets demain. Cela veut dire aussi, concrètement, peser sur le choix des États et des collectivités dans la mise en œuvre de leurs politiques futures – de la gestion des déchets à l'organisation des soins, de leur politique de lutte contre le changement climatique à l'organisation de leurs forces armées, sinon à leur doctrine d'emploi –, orienter leur cadre légal et souvent aussi favoriser des pratiques démocratiques. Les droits de l'homme également passent par l'expertise ! Inutile de dire qu'une telle action doit se déployer au niveau national comme des organisations internationales, dont le poids est croissant dans la détermination des standards, des bonnes pratiques et des normes en général. Elle suppose une organisation puissante et performante de la part des États qui entendent compter. Il ne s'agit plus d'action à la marge. Ces marchés d'expertise transcendent la distinction classique entre pays émergents, en transition et en développement. Ce sont des marchés extraordinairement concurrentiels où les deux maîtres mots sont qualité… et influence sur ce que signifie la qualité.

La deuxième réalité du monde est la bataille des idées. Ce n'est pas une dispute académique entre gens bien élevés, mais une guerre pour la prééminence, politique comme économique. Dès lors, le devoir pour les États est clair : être présents et actifs dans les lieux où s'élaborent la pensée et les doctrines qui organiseront demain le monde, groupes d'experts des institutions multilatérales, cercles de pensée mondiaux, régionaux et nationaux, symposiums formels ou informels. Nous devrons y faire valoir nos idées, nos règles et nos principes. Le monde connaît une concurrence accrue, et parfois une guerre larvée, des droits, des normes techniques, des lignes directrices. Celles-ci orienteront les politiques mondiales en matière d'environnement, de santé, de sortie de crise ou de transactions financières, sans oublier l'immense champ des politiques de développement. Le lien avec les marchés est logique ; il l'est tout autant avec la politique internationale au sens classique. Sans cette présence, nous ne pèserons rien sur la scène diplomatique mondiale. Cela suppose non seulement que nous ayons une conception de notre but à moyen terme dans les différentes zones du monde, mais aussi des troupes à aligner, en amont pour penser, en aval pour débattre, chez nous pour proposer. Notre politique étrangère en dépend.

Reste un troisième objectif, qui passe lui aussi par des réseaux d'expertise. Il consiste à mettre à niveau, dans des pays cibles, les services de lutte contre le terrorisme, la délinquance financière, les trafics en tout genre, ou encore la contrefaçon parmi mille autres maux. Ajoutons-y le contrôle alimentaire, sanitaire et vétérinaire. Songeons aux effets dévastateurs que peuvent avoir les pandémies et les épizooties. Il vaut mieux aussi que la chaîne du froid soit respectée avant de recevoir dans nos assiettes les crevettes congelées du bout du monde ! De la réponse à cet enjeu dépend notre propre sécurité à terme.

Faut-il rappeler que ces multiples experts, en tous lieux, d'abord spécialistes, personnes singulières et libres dans l'accomplissement de leurs missions, soumises à des obligations fondatrices de secret professionnel, participent aussi d'une œuvre collective ? Que le lien permanent entre eux constitue aussi une force ? Que l'information est aussi la reine des batailles ? Qu'ils sont des puits de savoir non seulement dans leur spécialité, mais aussi par ce qu'ils voient et entendent, comme cet extraordinaire vétérinaire, rencontré quelque part en Afrique, qui me fit une leçon de géopolitique en même temps que de sociologie ? Ce même vétérinaire avait d'ailleurs, parce qu'il circulait dans tel pays il y a longtemps, vu venir des troubles graves – son récit avait été balayé comme inepte par tel représentant français sur place qui l'avait renvoyé à ses vaches ! Tous ces experts perçoivent ce que font nos concurrents, notamment sur le plan économique, et pourraient utilement servir l'intelligence du même nom, qui est d'abord une politique d'État. Ce sont aussi des agents d'un renseignement ouvert que nos collègues britanniques du MI6 savent bien mettre à contribution, parce que les Britanniques dans le monde sont tous, par esprit et éthique, des agents de Sa Majesté.

L'importance de ces défis saute aux yeux. Or, dans tous ces domaines, sauf peut-être la sécurité, la réalité que j'ai découverte est une absence de stratégie, tant par pays que par zone. Dans certains ministères – Agriculture, Défense, Intérieur –, on commence à trouver des éléments de stratégie et une volonté de l'appliquer, mais sans la démultiplication des moyens que peut susciter une stratégie d'ensemble. Alors que ce sont les centres de l'influence future, on ne peut discerner de cadrage rigoureux de nos relations avec les organisations internationales.

Des bribes de stratégie existent sans doute, soutenues par tel groupe d'experts privés, telle

fondation, tel fonctionnaire, tel ambassadeur –
et avec quelle énergie ! Ponctuellement, cette
conscience, portée avec des moyens de fortune,
permet des actions exemplaires. Qu'on ne se
méprenne donc pas sur le sens de mes critiques.
J'ai découvert partout des sommes incroyables
de dévouement, des preuves constantes de dynamisme, des actions intelligentes, une multitude
d'actes exemplaires de patriotisme et de volon-
tés individuelles d'illustrer notre pays – je
pense en particulier à ces nombreux attachés de
coopération technique, jeunes gens impression-
nants par leur maturité, leur sens des réalités et
leur responsabilité, qui portent leur mission à
bout de bras.

Donc rien à la hauteur des enjeux : l'État est
aux abonnés absents. Parfois, une pensée vague
ou la prescience que tel pays est important, mais
nulle articulation d'une vision à cinq ou sept ans
accompagnée de moyens, d'étapes gouvernant les
actions à réaliser, d'énoncé des résultats atten-
dus, d'organisation de manière générale pensée
en fonction des priorités.

L'objet dont je parle a un nom méconnu : politique extérieure. Les objectifs qui viennent d'être
énumérés représentent les trois quarts de ce qu'on
appelle notre politique étrangère et cent pour cent
de sa condition d'existence, du moins pour qui ne
se berce pas de mots. Comment ne pas douter de
son existence ?

Écroulement et indifférence

Pourquoi cet écroulement dont ces pages porteront témoignage ? Pourquoi cet écart entre une multitude de perceptions avisées et d'actions exemplaires et la réalité d'un retrait progressif de la scène mondiale ? Pourquoi, chez de bons esprits, ce contentement facile devant les illusions du « rayonnement » ? Pourquoi l'absence de lucidité ou la dissimulation résignée ? Plutôt que l'explication unique, il convient de pointer une combinaison de facteurs : le faible intérêt politique pour ce sur quoi l'on ne peut agir rapidement ; la précellence, chez bien des responsables administratifs, de la protection des gains tactiques à court terme sur l'intérêt national ; l'indifférence au monde de manière générale.

Le culte de l'illusion, habituel dans le discours d'État, rejoint le déni de réalité, si présent dans notre histoire. Plus banalement, nous pâtissons – signe aussi d'impéritie politique – de l'absence de structures administratives capables de prendre en charge des problèmes transversaux nouveaux et, en amont, de les comprendre, de les porter et surtout de les traduire en plans d'action. L'administration réduit par facilité l'inconnu au connu.

Le phénomène le plus grave est une forme partagée d'indifférence au monde. Lui ne nous attend pas, n'a pas besoin de nous, ne se languit pas de notre absence ! Mais le monde fait défaut à la France : celle-ci ne prospère qu'en projetant son regard sur lui ; elle n'avance qu'en se mesurant et en se comparant à autrui. Tout ce que j'ai pu observer, notamment notre incapacité à définir une stratégie de moyen terme reposant sur des moyens d'action, notre faible faculté à irriguer les lieux de pensée, la propension à se contenter d'actions sans masse critique et dénuées de lendemains, est le baromètre de quelque chose d'inquiétant. De quoi exactement ? D'une impéritie sinon d'une médiocrité collectives ? Cela serait trop approximatif, d'autant qu'il est peu d'exemples de pays où les préoccupations internationales l'emportent sur les considérations locales. D'une crainte intériorisée de ne pas être à la hauteur, peur qui se transforme en défiance, puis en rejet, comme en témoignerait entre autres le référendum du 29 mai 2005 ? Sans doute, mais cela reste aussi trop global, agglutinant des perceptions et des réactions sans origine commune, et surtout cela ne dit rien quant aux instruments d'action.

Il importe de séparer ce qui relève d'attitudes sociales, à la fois diverses, inconstantes et fluctuantes, et ce qui ressortit au domaine propre du politique, c'est-à-dire au pouvoir, aux mécanismes de décision et aux instruments d'action, notamment administratifs. Le politique ne peut pas tout, mais il fixe le cap, donne des orientations et peut user d'incitations. A lui, comme dans les pays les plus libéraux, de fédérer, sans régenter ni contrôler de manière tatillonne, les actions des partenaires les plus divers, car la politique extérieure moderne ne peut reposer sur le seul État.

Ôter au politique ses responsabilités propres, c'est se résigner au fatalisme et faire fond sur une prétendue « âme des nations ». Il ne sert à rien de reprocher au secteur privé de n'être pas assez présent sur les marchés d'expertise, aux universitaires de ne pas investir suffisamment sur les sujets internationaux, à la société d'avoir un tropisme international trop peu marqué. Rien n'a été fait pour corriger cette situation en termes d'organisation, d'incitation et d'accompagnement juridique. Devant les enjeux du monde nouveau, l'initiative revient à l'État – et la faute aussi.

À *la recherche du* leadership

Quittons donc les propos sur l'« esprit », la « société », le « peuple » ou les « mentalités » et considérons ce sur quoi il est sérieusement possible d'agir. Prenons la question déterminante : celle du *leadership*. Même pour les nations les plus riches et les plus puissantes, celui-ci n'est pas naturel, il se construit. L'interrogation première est aujourd'hui de savoir en quoi, sur quoi et comment la France peut exercer non pas un *leadership* global et indéterminé, mais des parcelles de *leadership* dans des domaines concrets.

Gardons-nous de penser que, en vertu de son essence ou par la grâce de son histoire, la « France », sorte d'entité mystique, aurait quelque chose de spécifique à apporter au monde. Simplement, tout pays qui entend ne pas s'appauvrir économiquement et intellectuellement, doit chercher à être *leader* dans le plus grand nombre de domaines possible. Il doit posséder des champions industriels, déposer des brevets originaux et porteurs, être présent sur le marché – oui, le marché – des idées politiques qui orienteront les pratiques des États et de nombreux fragments des sociétés, être reconnu dans le domaine scientifique, celui des disciplines « dures » comme des sciences humaines. Notre potentiel est loin d'être insignifiant ; seulement il n'est pas organisé, mobilisé, mis en ordre de bataille, ou de manière trop lacunaire et parcellaire, dans l'ordre international.

Nous n'avons pas de stratégie de projection de nos capacités sur le plan international parce que cela fait bien longtemps que nous n'avons plus de stratégie internationale tout court. Non seulement nous nous reposons souvent sur une gloire ancienne, largement exagérée sinon imméritée, mais nous faisons mine de croire que la posture et l'emphase du verbe peuvent remplacer l'intendance. Nos fautes ne sont pas nouvelles : un tropisme africain de la France qui nous a fait perdre le reste du monde, une exclusivité étatique dans les moyens d'action internationaux, une certitude ancienne, un peu corrigée par l'Europe, que nous pouvions nous débrouiller seuls, que l'international était au plus la « cerise sur le gâteau », et que nous avions moins besoin du monde, d'ailleurs si ingrat, que l'inverse. On mesure de mieux en mieux les conséquences ravageuses de cette attitude ; seulement, nous ne la corrigeons pas.

Lorsque nous commençons à évoquer tant soit peu précisément l'intendance, c'est-à-dire l'organisation, des étapes de développement, des moyens, le dérangement de l'ordre politique et administratif paraît tel que nous ne trouvons plus personne pour la penser. Tantôt, par une propension à écarter ce pour quoi on n'entrevoit pas de solution aisée et non conflictuelle, on balaie le problème en prétendant que le mal est sans gravité – ainsi pour l'école, la pauvreté et l'emploi. Tantôt, on approuve le constat pour établir aussitôt une barrière infranchissable entre celui-ci et la solution – fuite panique devant l'exercice concret du pouvoir.

Entre Europe et puissance

Cette attitude trouve en l'Europe une forme d'alibi commode. Je ne fais pas mienne l'argumentation selon laquelle la France paraît bien chétive comparée aux géants américains ou asiatiques pour peser dans le monde. L'Europe n'est pas la « France en grand », l'outil qui lui permettrait de réaliser ce qu'elle ne peut accomplir seule. Pour l'Européen que je suis, militant de longue date et avec constance pour son élargissement, propagandiste du « oui » en 2005, promoteur d'un approfondissement accru sur de nombreux secteurs, il y a là une singulière erreur de perspective et, pire encore, une méconnaissance de la fabrique concrète des politiques. Je ne fais donc pas de l'Europe le centre d'une stratégie internationale dans le domaine de la politique de développement, de la coopération économique et du partenariat intellectuel.

D'abord, la puissance nationale, nécessité indépassable, ne s'oppose pas à une coopération accrue. Ensuite, avec les pays européens, nous sommes à la fois partenaires et concurrents à l'extérieur, porteurs tantôt d'intérêts communs, tantôt de projets différents. Nous devons apprendre à nous allier davantage, mais aussi savoir quand ces alliances sont impossibles. Enfin, dans l'Europe même, il nous faut peser sur les décisions, apporter des perspectives lorsque les institutions européennes ne les sécrètent pas elles-mêmes, lui donner une capacité à penser et, par là, à compter dans les débats mondiaux. Qu'il s'agisse de politique économique extérieure ou de stratégie pour le développement, c'est d'abord chez nous que doit commencer la réflexion. L'Europe ne parviendra pas à relever ses défis propres si ses nations sont faibles et accordent une confiance excessive en ses propres capacités politiques. Oui, nous devons trouver des alliés en Europe, mais ce travail débute par une perception cohérente de notre intérêt national.

Au centre de mon propos, il est une interrogation très classique, mais qui, à force de ne jamais pénétrer le débat public et de n'être pas « verbalisée », accroît autant l'inertie que le malaise national : que peut encore une puissance moyenne, peut-être encore grande parmi ses homologues, mais dont le poids, au moins physique, se réduit ? Comment se construit et se maintient cette puissance ? Que peut, et aussi que doit faire la France, non pas pour garder « son » rang, mais pour ne pas connaître un appauvrissement, perspective aujourd'hui la plus inquiétante ?

Il est deux risques opposés. Le premier consiste à affirmer que « nous n'avons plus les moyens de », ce qui peut être théoriquement vrai, mais est le plus souvent pratiquement faux. Il s'agit là non pas d'une question globale, mais simplement d'allocation de ressources limitées, et la variable d'ajustement ne saurait être l'international qui est de fait, aujourd'hui, la moins coûteuse des politiques. Le second repose sur la méconnaissance de l'effet de taille : les troupes que nous pouvons aligner sur le front international sont, tous domaines confondus, réduites, mais il n'est pas raisonnable qu'elles le soient beaucoup plus que celles de pays de taille comparable. Il nous faudra combiner, à l'avenir, la capacité à être un pays ouvert des deux côtés : à la fois accueillant et capable d'exporter un plus grand nombre des siens.

Si peu nationaliste que je sois, si farouchement européen par ailleurs, je me dis que, pour la France, il faut toujours le mieux. Non pas en raison d'une destinée inscrite dans le patrimoine génétique de son histoire, non parce que c'est la France, nation incomparable, mais parce que tout pays doit, au nom du bien-être et de la vertu de ses habitants, montrer à l'extérieur le meilleur de lui-même. Eussé-je été américain, allemand, anglais ou espagnol, que je n'eusse pas pensé et agi différemment.

A celui qui revient de lointains voyages, son pays apparaît à la fois infiniment familier et soudainement étranger. La familiarité retrouvée est celle de l'amour qu'on lui porte ; l'étrangeté brutale qui étreint le voyageur qui revient, d'autant plus que d'autres contrées exotiques ont suscité une résonance avec une pensée enfouie, conduit à l'imaginer différent. Aimer ce pays, la France, oblige à lui proposer un autre destin que celui auquel il semble aujourd'hui condamné.

Travellings. Nos absences

Où PARTIR ? Que voir ? Ce sont d'abord la variété, l'exemplarité et l'intuition d'un enjeu qui ont orienté mes déplacements, toujours avec le souvenir de précédents voyages, de lectures ou de narrations. Je ne partais pas à la recherche d'une absence, mais espérais à chaque fois découvrir mille réalisations heureuses. Si, le plus souvent, je devais enrager devant des occasions manquées, des réalisations inabouties, des espérances trahies et des espoirs déçus – non les miens, mais ceux des personnes que j'admirais le plus dans ces pays –, je ne devais pas essentiellement rencontrer l'absence. En réalité, je découvris la profusion : celle de tout ce qui pouvait être attendu de nous, celle des entreprises commencées par beaucoup, rappelons-le encore, avec des moyens de fortune, celle de mille espoirs que, rentrant, je devais coucher sur le papier en imaginant ce que serait une politique française dans tel pays, en direction de telle organisation, dans tel secteur d'activité. Depuis le petit déjeuner à huit heures jusqu'à la fin du dîner au commencement du prochain jour, je ne m'ennuyai jamais tant la masse des choses à accomplir me paraissait immense – et c'était à la portée de mon pays. Je commencerai donc par nos absences – cet envers de la promesse et du possible.

Fallait-il donc ne rien voir à Nairobi ?

Le plein et le vide. Imaginons une immense salle de réunion pourvue d'une grande tribune. Des centaines de personnes ; des dizaines de nationalités ; une atmosphère studieuse et grave ; d'épais documents sur les tables. Un directeur du Programme des Nations unies pour l'environnement (PNUE) m'y amène après l'heure de discussion que nous avons passée ensemble. Il conduit mon regard vers une rangée à droite. J'y discerne trois ou quatre chaises vides. « Le banc de la France », me susurre-t-il d'une voix un peu lasse où pointait plus une tristesse résignée qu'un réel reproche. Cette assemblée, en octobre 2007, mettait un point final au rapport dit « GEO 4 », le principal rapport d'analyses et de recommandations sur l'environnement mondial, rapport dont la couverture médiatique avait été remarquable en France lors de sa sortie le mois suivant. Ce n'était pas faute d'une forte tentative de mobilisation de la part de notre dynamique et compétente ambassadeur sur place. Mais être une *vox clamantis in deserto* est le lot partagé de cette corporation. Cette absence était-elle une erreur isolée ?

Auparavant, du simple expert jusqu'au directeur exécutif du PNUE, Achim Steiner, tous avaient exprimé leur étonnement devant la faible participation des experts français aux groupes techniques, notre réponse trop rare aux discussions techniques que le PNUE essayait de susciter. Alors que le Royaume-Uni, plusieurs pays nordiques, l'Italie, l'Espagne entretenaient des contacts réguliers, du niveau le plus technique au plus politique, avec le PNUE, notamment par le biais de ce qu'on appelle des *memorandums of understanding* dans le jargon international ou d'un dialogue politique annuel accompagné de multiples réunions techniques, la France restait en retrait. Certes, cela ne l'empêchait pas de lancer des initiatives politiques, dont la plus marquante était sa proposition de création d'une Organisation des Nations unies pour l'environnement, qui visait à mettre un peu d'ordre dans un paysage éclaté. Mais sa présence mesurée l'empêchait de donner une crédibilité et une légitimité à ses propositions. Tous m'ont dit, avec leurs mots, qu'il serait quand même raisonnable de s'investir dans ce qui existe avant que de s'engager dans la promotion de ce qui, peut-être, ne verra jamais le jour. Chacun sait que l'environnement fait partie de nos priorités internationales, au point d'ailleurs qu'au sein du seul ministère des Affaires étrangères, six entités s'en partagent la responsabilité, sans parler des Finances, du ministère de l'Écologie et des structures interministérielles !

Fallait-il alors que je me rende à Nairobi ? Beaucoup m'avaient affirmé que c'était superflu. J'y ai, à vrai dire, perçu un condensé de nos faiblesses comme de nos forces potentielles. Au rang des secondes, une ambassade remarquable et des centres de recherche de premier plan. Au nombre des premières, une forme d'oubli de la carte diplomatique. Le pays lui-même, sur lequel nous investissons peu, alors qu'il est potentiellement, s'il parvient à résoudre durablement la grave crise politique et sociale qui le taraude, l'un des prochains grands pays africains en même temps que le centre de l'Afrique de l'Est. Ses organisations internationales, le PNUE mais aussi ONU-Habitat, organisation que nous négligeons totalement alors qu'il y aurait de bonnes raisons, politiques, sociales et économiques, pour y investir massivement. Ses centres de recherche, pourvus de chercheurs français de premier plan, mais dont on mesure trop mal depuis Paris le rayonnement considérable qu'ils pourraient avoir, promouvant ainsi l'une des meilleures écoles françaises, celle de la recherche agronomique. Sans oublier la base arrière des opérations en Somalie, dont les responsables des organisations internationales cherchent désespérément des experts pour les opérations d'urgence et, demain, espérons-le, pour des actions de reconstruction. La *Swedish Rescue Agency* est déjà là – sans parler des plus gros !

Nairobi est loin, excentrée, mieux connue comme point de départ des safaris et pour son insécurité. New York est le centre du monde international et Genève à une heure de Paris. A New York donc, je rencontre le dirigeant d'une grande organisation internationale et lui explique l'objet de ma mission : « Je viens vous voir pour recueillir vos analyses sur les relations entre votre organisation et la France. Je souhaite apprécier comment nous pourrions améliorer et renforcer celles-ci, notamment par une meilleure présence de Français sur les programmes que vous mettez en œuvre, une discussion sur nos stratégies respectives, des échanges réguliers avec vos spécialistes par secteurs. Je ne représente personne, mais pourrai en toute indépendance faire des recommandations à mon gouvernement. » Réponse inattendue : « Vous êtes le premier Français à me tenir un tel discours. » Il n'était pourtant ni original, ni novateur ; mon propos était seulement d'entendre ce que l'autre avait à dire et de montrer un intérêt pour un renforcement de nos liens. Cet organisme entretenait d'ailleurs des rapports de travail de grande qualité avec l'AFD et, localement, il existait quelques partenariats féconds. Mais au-delà d'accords politiques globaux, les relations de travail étaient inférieures à celles de nos partenaires. Dès lors, nous pesions peu sur les orientations stratégiques de cette organisation, aussi prompts à la critiquer – parfois à raison – que nous l'étions peu à proposer des améliorations concrètes.

J'eus, à répétition, plusieurs discussions analogues avec d'autres responsables, à Genève, à New York et à Washington. J'essuyai même une fois un coup de colère devant des engagements non tenus, en dépit des alarmes régulières de notre représentant permanent aux Nations unies. Dans plusieurs cas, nous étions incapables de fournir des experts, notamment pour des opérations d'urgence et de reconstruction. Outre notre crédibilité, cela compromettait notre présence ultérieure dans des pays dont nous avions contribué à financer la construction. Dans d'autres, les contributions volontaires annoncées n'avaient pas été intégralement versées. A l'Organisation mondiale de la santé (OMS), notre présence était fantomatique dans les comités d'experts qui orientent les stratégies des prochaines années. Ailleurs encore, nous étions incapables de faire venir des experts appelés à rédiger des documents d'analyse stratégique de première importance. Quasiment partout, dès que la discussion s'engageait avec des responsables de secteur, la complainte était la même : « Nous aimerions bien simplement avoir des contacts avec des gens capables de discuter du fond. Avez-vous des numéros de téléphone ? » Je n'ai pas rencontré d'animosité, seulement des regards désolés.

Vienne, à nouveau le lieu de l'influence mondiale ?

Vienne aussi n'est plus guère pensée comme une capitale diplomatique. Peut-être l'avait-elle trop été, du Congrès de Vienne à la ville limite et trouble de l'époque de la guerre froide propice à la littérature d'espionnage. On sait à peine que les Nations unies sont aussi à Vienne. Et qui connaît l'Organisation pour la sécurité et la coopération en Europe (OSCE), née sous forme de conférence pendant la guerre froide et devenue par la suite l'une des principales organisations régionales ? Il se passe parfois beaucoup de choses dans les lieux les plus discrets.

Parmi les organisations viennoises, la Commission des Nations unies pour le droit commercial international (CNUDCI). Les sujets en discussion y sont assurément effroyablement techniques – commerce électronique, arbitrage, sûretés, transport international, etc. – mais chacune des propositions de la CNUDCI déplace des milliards ! Cette commission ne produit pas du règlement, mais ce qu'on appelle de la *soft law*, c'est-à-dire du droit souple, des règles qui finissent dans la pratique par s'imposer à tous. Investie par les groupes d'intérêts plus que par les gouvernements, elle ne dispose pas d'un règlement intérieur clair et l'ordre du jour de ses groupes de travail est fixé de manière peu transparente. Une simple mesure de son intérêt : la présence massive d'avocats américains dépêchés par le *City Bar of New York* et l'*American Bar Association*. On n'imagine pas ces juristes débordés, et dont la journée de travail est rémunérée à la hauteur de ce qu'un haut fonctionnaire français gagne en plusieurs semaines, débarquer là pour la beauté de l'art ! Et les Français ? Quand ils viennent – ce qui est loin d'être toujours le cas –, c'est le plus souvent à un contre dix, à un niveau qui n'est pas toujours adéquat. Résultat : la France, comme d'ailleurs les autres pays de droit continental, y est marginalisée.

Sauf dans quelques milieux juridiques qui commencent à tirer la sonnette d'alarme, avons-nous pris la mesure de la guerre des droits qui s'annonce ? Ce que fait la CNUDCI connaît de multiples ramifications ailleurs. A Washington, où j'étais la semaine précédente, on m'avait beaucoup parlé du rapport de la Banque mondiale, *Doing Business*, qui érigeait en bonnes pratiques universellement valides des règles et des procédures à l'opposé exact des bases du droit français. Ce rapport, si caricaturalement et parfois stupidement libéral pour le libéral que je suis, avait été directement inspiré par la CNUDCI. Il devait d'ailleurs

alarmer bien des fonctionnaires de la Banque elle-
même, au point que sa division de la législation
entendait allumer des contre-feux par un rapport
Doing Law ou *Measuring Justice,* et demandait
l'aide d'experts français que nous avons été incapables, en un an et demi, de mettre à disposition !
Pendant ce temps, Américains et Britanniques pous-
sent leur avantage pour faire reconnaître la supé-
riorité de leur système juridique, au point qu'un
document quasi officiel britannique, émanant de la
Law Society, préfacé par le ministre britannique de
la Justice, appelle les entreprises étrangères, avec
des arguments bien choisis, à proposer Londres
comme lieu de juridiction dans les contrats qu'elles
signent. La *soft law* sur le commerce électronique
nous a déjà échappé. Et Paris, longtemps capitale
de l'arbitrage, menace de céder la place à Londres
– ou peut-être Madrid ou Genève.

Mais revenons à Vienne où se trouvent aussi
l'Agence internationale pour l'énergie atomique
(AIEA), l'Office des Nations unies contre la drogue et le crime (ONUDC) et l'Organisation des
Nations unies pour le développement industriel
(ONUDI). La première a été très médiatisée en
raison du délicat travail d'inspection dont elle a
été chargée en Irak, avant l'intervention américaine,
et en Iran. Peut-être sait-on moins qu'elle joue un
rôle normatif décisif dans le nucléaire civil et a mis
en place d'importants programmes de coopération
(80 millions de dollars) pour l'appropriation des

technologies nucléaires en matière d'observation agricole ou de médecine. Alors que nous disposons d'une expertise reconnue, notre présence est faible sur ces programmes. On connaît peu aussi le travail non seulement d'analyse des lieux de fabrication et des trafics de stupéfiants, mais aussi de coopération technique de l'ONUDC. Nos compétences sont de premier plan dans ce domaine, mais notre placement d'experts se situe loin derrière les États-Unis, le Canada et le Royaume-Uni. On prête peu d'attention également au rôle de l'ONUDI, qui conduit un travail d'expertise important sur le montage des projets industriels dans les pays en développement. Ses interventions futures dans les secteurs de l'énergie et de l'environnement mériteraient pourtant une stratégie moins passive. Pour aucune de ces organisations, il n'existe une vision claire, côté français, de ce qu'on peut en attendre, de l'investissement qu'il faudrait y consacrer, notamment par le biais de contributions volontaires bien proportionnées qui permettent d'orienter ses programmes. Et ne parlons pas de la manière dont leurs actions peuvent se coordonner avec d'autres entreprises par ailleurs.

Changeons de décor et passons de ce qui est apparemment le plus technique à ce qui paraît le plus politique : l'OSCE. Cette organisation est porteuse des principaux concepts en discussion dans les autres enceintes internationales (sécurité, droits de l'homme, stabilisation post-crise,

démocratisation, traite des êtres humains). C'est
une grande organisation régionale qui s'étend
aux pays de l'ancien empire soviétique, champ
clos d'une conflictualité larvée entre les États-
Unis et la Russie – dont la manifestation la plus
spectaculaire a été la crise géorgienne de l'été
2008 –, et une organisation dont les missions de
terrain mettent en œuvre des programmes techniques, depuis la destruction des petites armes
et munitions à l'environnement, en passant par
l'organisation des élections. L'OSCE a ainsi pu
envoyer une mission importante d'observation
en Géorgie.

Alors que l'OSCE fait l'objet d'une attention
au plus haut niveau et d'une stratégie, appuyée
par des réflexions larges et des documents de travail, aux États-Unis, au Canada, au Royaume-
Uni, en Suède et en Finlande, la France, pourtant
troisième contributeur (au titre du financement
de base) ne porte aujourd'hui aucune réflexion
élaborée sur les missions prioritaires et le devenir
de l'OSCE et son rôle parmi d'autres organisations comme l'Union européenne, l'OTAN et les
Nations unies. Autre incohérence : nos contributions volontaires, qui permettent d'orienter
mieux les programmes des missions sur le terrain, pèsent moins d'un centième de celles-ci ! Et
on a le chic pour éclater quelques petites centaines de milliers d'euros, ce qui nous prive de toute
visibilité sur le terrain, d'autant que l'expertise

que nous lui apportons est faible. Une raison à ce désintérêt ? Aucune, bien sûr, juste l'oubli.

La France peut-elle exister en Inde ?

Plus de soixante millions d'habitants contre un milliard, plus de super-riches que chez nous, des géants industriels qui nous conquièrent et nous concurrencent sur les marchés tiers, un potentiel scientifique et technologique dont nous pouvons rougir, des liens anciens, forts et profonds avec les États-Unis et le Royaume-Uni, mais aussi l'Allemagne, une nouvelle alliance dans le cadre des BRIC (Brésil, Russie, Inde, Chine), que pouvons-nous faire en Inde ? À un moment de notre histoire, des convergences ont pu apparaître entre le non-alignement indien et la position gaullienne. La réalité est pourtant sans appel : nous n'avons pas investi sur l'Inde, reléguée en deuxième division de notre diplomatie, comme en témoignent les moyens incroyablement limités de notre ambassade.

Préparant mon voyage dans ce pays, comme à l'accoutumée, je me plongeai dans mille lectures, depuis les travaux universitaires jusqu'aux analyses politiques, des télégrammes diplomatiques aux études économiques, des comptes rendus de mission plus anciens jusqu'aux programmes d'action sectoriels. J'ai naturellement continué depuis avec un identique sentiment de malaise. D'un côté, de nombreux travaux témoignent d'une grande profondeur dans le diagnostic et la construction de scénarios d'évolution. Quelques documents sectoriels tracent des lignes ponctuelles de coopération riches d'avenir, notamment dans le domaine scientifique. D'un autre côté – et le cas indien n'est pas isolé –, il est difficile de discerner un programme de développement de nos actions en Inde à la fois global et précis, articulant objectifs et moyens dans le temps. L'Inde apparaît comme le condensé de nos approximations.

Sans doute, les cinq facettes qui se présentent à nous ont de quoi dérouter, alors que chacune est porteuse d'action. L'Inde est un pays riche – ce qui signifie que nous devons nouer des partenariats avec elle dans des pays tiers sur une base régionale et que nous devons être présents pour profiter de son potentiel de croissance. L'Inde est un pays pauvre et si nous ne pouvons porter nous-mêmes la misère de trois cents millions de ses habitants, nous ne pouvons être absents de sa stratégie de développement. L'Inde est un pays atrocement bureaucratique, souvent décourageant, mais l'enjeu de la réforme de ses administrations nationales et régionales est considérable. L'Inde est un pays dont le potentiel intellectuel est immense et ne pas nouer d'échanges avec ses élites nous marginaliserait dans le monde futur.

L'Inde est un géant politique en devenir, dans une zone de conflits régionaux, et nous avons à ce titre des réflexions à conduire en commun.

Allons donc y voir de près. En raison de sa taille comme de ses besoins immenses, l'Inde est en tête des pays bénéficiaires des financements internationaux. La Banque mondiale, la Banque asiatique de développement, plusieurs organisations des Nations unies, l'Union européenne – à un niveau moindre – y ont lancé des programmes de plusieurs milliards de dollars. L'Inde va aussi construire pour 550 milliards de dollars d'infrastructures dans les cinq ans qui viennent. L'Etat et les régions disposent des moyens de lancer par eux-mêmes des projets importants. Or, qui suit les appels d'offres liés à ces financements ? Personne, sauf exceptionnellement par sondage aléatoire, en fonction de la présence ou non d'un contractuel de passage. Entretenons-nous des relations de travail régulières avec ces organisations pour orienter ces projets ? La réponse est « non », et elle est peu ou prou identique d'après ce que j'ai pu constater en Chine, au Vietnam et ailleurs en Asie et sur le continent sud-américain.

En Inde, comme je l'ai fait dans certains autres pays, je pose à mon ami ambassadeur une question simple, centrée sur un exemple qui n'est pas théorique : « Admettons que tu rencontres le ministre de la Santé. Il évoque ses projets : une réforme du système hospitalier, la création d'une sorte d'agence du médicament, la mise en place d'une logistique fiable dans l'acheminement des vaccins, la création d'un système d'accréditation rigoureux des médecins et du personnel de santé. Que lui proposes-tu ? » Avec un humour froid, il me répond : « Eh bien, je rédige un télégramme ! » De fait, que pouvait-il proposer ? Dans un système performant, comme il en existe souvent chez nos concurrents, il aurait pu dire à son interlocuteur : « C'est très intéressant, Monsieur le Ministre. Si cela peut vous être utile, je me propose de vous envoyer d'ici deux semaines deux experts de haut niveau qui prendront contact avec vos directeurs. Ensemble, nous pourrions peut-être, si leurs analyses préalables et leurs études de faisabilité vous convainquent, envisager un partenariat conjoint sur cette base. » Bien sûr, après cette première phase, le gouvernement indien aurait payé les experts et il n'est nul besoin d'imaginer les retombées économiques de ce travail comme sa valeur d'exemplarité auprès d'autres pays. Espérons seulement que nous saurons mieux participer à la deuxième Révolution verte que l'Inde s'apprête à lancer.

Mais las, notre ambassadeur, pourtant volontaire et chez qui la lucidité ne tient pas lieu de prophétie, ne pouvait pas s'engager. Il n'avait aucune certitude de trouver les bons experts, de surcroît anglophones, encore moins rapidement disponibles, n'avait aucun numéro de téléphone où appeler, ne disposait même pas des moyens pour financer leurs billets d'avion et couvrir leurs frais sur place. Et peut-être d'ailleurs, les montants dérisoires de notre coopération avec l'Inde – un rapport même pas de un à cent par rapport aux Britanniques et aux Allemands – n'auraient-ils pas vraiment plaidé en notre faveur. Cet exemple pourrait être multiplié à l'infini, là comme ailleurs, sur de multiples secteurs où nous disposons pourtant d'une expertise de qualité.

Le dernier soir à Delhi, j'invitai à dîner Nitin Desai, homme dont la hauteur de vues et la capacité à se projeter dans l'avenir m'ont marqué. Ancien secrétaire général adjoint des Nations unies, conseiller de plusieurs gouvernements indiens, homme influent par la rigueur de sa pensée auprès du monde politique et de la sphère intellectuelle, il devait m'éclairer sur quelques axes porteurs d'une possible stratégie française, pointant aussi par là nos carences. Déjà, auparavant, deux entretiens avec un très haut fonctionnaire indien et le président d'un *think tank* m'avaient montré les liens que nous pourrions nouer en matière de réforme administrative et de discussions intellectuelles et pratiques sur les principaux thèmes d'action publique, nationaux et internationaux. Nitin Desai, donc, me parla longtemps de l'*UK-India Roundtable* qu'il coprésidait, lieu d'échanges féconds et réguliers entre les mondes politique, économique, administratif et académique indiens et britanniques.

Ne serait-il pas envisageable, me dit-il, de créer un lieu de partenariats multiples de ce type entre l'Inde et la France ? Ce lien existe certes entre les deux pays pour les entreprises dans le cadre de la Fondation France-Inde. Mais il est limité. Ne serait-il pas opportun d'ailleurs que ce cadre général soit la base de discussions de travail régulières, orientées par l'obligation de produire des documents de réflexion et de proposition conjoints, entre les milieux académiques et les responsables administratifs ?

Cette longue discussion, nourrie de mille exemples concrets, je l'avais déjà eue ou j'allais l'avoir au Brésil, au Japon, en Ukraine, dans plusieurs pays d'Europe centrale, en Turquie, et même au Canada et aux États-Unis. Sans doute aurais-je pu avoir de tels échanges en Corée du Sud, en Australie, au Mexique, en Afrique du Sud et au Chili. Si l'on excepte les dictatures – encore qu'y éclosent aussi des espaces de liberté qu'il faut aider, même au sein de leurs administrations – et quelques pays trop petits sur lesquels nous ne disposons pas des capacités d'investir, il doit quand même exister vingt ou trente pays avec lesquels nous pourrions établir des relations de travail un peu plus nourries sur les principales questions mondiales et nationales. Et si finalement nous devions conclure que nous ne disposons pas des ressources financières, humaines et intellectuelles pour ce faire, que cela signifierait-il pour notre pays ?

Empire interdit, la Chine ? Plutôt cité ouverte, si l'on en juge par la présence de nos concurrents directs et des institutions internationales. Pensons aux 17 milliards de dollars de prêts que la Banque asiatique de développement lui a déjà accordés, aux quelques milliards supplémentaires de la Banque mondiale, aux multiples experts japonais, allemands, britanniques, italiens et autres qui y sont déjà et qui répondent à une demande d'expertise internationale chinoise en expansion, aux montants consacrés à la coopération par ces pays, sans commune mesure avec les nôtres. 1,3 milliard de Chinois, et nous ? Quelques rares assistants techniques dans des institutions universitaires, une incapacité de suivi systématique des appels d'offres des organisations internationales, des moyens d'intervention limités et plus fléchés vers la culture que vers l'expertise technique, ce qui, en l'état actuel des choses, quelle que soit l'excellence des services sur place, empêche de bâtir un plan de reconquête pour les prochaines années. Et nous ne disposons pas apparemment de grandes fondations capables, comme la fondation HSBC, mais aussi Arcelor-Mittal, de contribuer aux actions de formations du PNUD.

Certes, il existe des *success stories*, comme la création de l'École centrale de Pékin, portée par une équipe dynamique et inventive, dont il faudra apprécier l'impact sur le moyen terme. Sur une initiative du notariat français, qui a monté à Shanghai un Centre sino-français de formation et d'échanges notariaux, nous avons aussi inspiré la loi chinoise sur le notariat. La présence récente de l'Agence française de développement en Chine a également commencé à porter ses fruits et donné un début de visibilité à la France dans le secteur de l'environnement. On pourrait citer quelques autres exemples, en matière de sécurité sociale et d'urbanisme. Mais peut-on se reposer sur trois enseignants-chercheurs et un chercheur français permanents en Chine ? Pourquoi, alors que le projet existe depuis plusieurs années, n'avons-nous jamais réussi à monter en Chine un centre français de sciences humaines ? Peut-on n'avoir aucune présence permanente, au-delà des services de l'ambassade, sur les secteurs prioritaires que sont l'environnement, la santé, la coopération juridique et l'organisation administrative ? Sans même comparer les flux d'étudiants chinois vers la France à ceux qui se dirigent vers les États-Unis, ou simplement le Royaume-Uni et l'Allemagne – ce serait cruel –, notre retard est accablant. Les cris d'alarme de l'ambassade et de ses services se perdent dans le désert.

L'Europe de nos absences

Depuis plus de quinze ans, j'avais pesté contre l'absence de la France en Europe centrale, non parce que là se situe l'un des foyers de la culture européenne auquel je tiens le plus, mais parce que c'était stupide, économiquement et politiquement. Comme d'autres, j'avais tenté de mobiliser quelques gouvernements, estimant qu'il aurait fallu réorienter massivement notre présence et nos crédits vers ces pays dès la chute du Mur. Rien n'a été fait et nous paierons encore long-temps cette cécité.

Ce que j'avais saisi intuitivement, j'en perçus la réalité concrète à la lecture d'un tableau sur trois pages, dans un petit ouvrage[1] qui décrit pré-cisément ce que fut la stratégie des États-Unis dans cette partie du monde, tableau intitulé : « Principaux *think tanks* en Europe centrale et orientale ». Vingt-deux sont répertoriés. Une troisième colonne mentionne leurs partenaires internationaux et une quatrième les financements internationaux. Environ 150 mentions à ces deux titres – dont 2 françaises. Les États-Unis détiennent la part du lion grâce à leurs fondations philan-thropiques et leurs universités. Le Royaume-Uni

---

1. R. Hatto et O. Tomescu, *Les États-Unis et la « nou-velle Europe ». La stratégie américaine en Europe centrale et orientale*, Paris, CERI/Autrement, 2007, pp. 88-90.

et l'Allemagne n'ont pas un poids insignifiant. *Ita missa est !*

A Prague, en octobre, je rencontre Petr Drulák, directeur de l'Institut des relations internationales. Il me dit combien il avait été heureux d'être récemment invité en France et de l'occasion qui lui avait été donnée de rencontrer des personnalités passionnantes. Bien sûr, il figurait sur les listes de l'ambassade et était invité à toute occasion. Seulement, fit-il remarquer, avec les fondations et centres de recherches allemands et britanniques, les contacts étaient beaucoup plus réguliers et surtout fondés sur des travaux en commun et des publications. Cet exemple n'était pas unique en Europe.

En République tchèque toujours, mais aussi dans les nouveaux pays membres de l'Union européenne, celle-ci va déverser jusqu'en 2013 des sommes considérables – peut-être d'ailleurs excessives et que ces pays ne pourront absorber aisément – au titre des fonds structurels et de cohésion : 26,4 milliards d'euros pour la République tchèque, 4 de moins en Hongrie, le double en Pologne. Question simple posée à nos ambassadeurs sur place comme à Paris : comment faisons-nous pour capter le maximum possible des 5 % d'expertise technique liés à ces fonds, soit plus d'un milliard d'euros dans la plupart des pays ? Quel plan de bataille avons-nous, avec une mutualisation indispensable des moyens et des expériences entre les ambassades de la zone ? Comment organisons-nous la mobilisation de la maison France, puisque ce travail doit concerner la puissance publique et les collectivités locales autant que le secteur privé ? N'attendons pas la réponse. Au mieux cette confession de dénuement, honnête et réelle, d'un ambassadeur à qui je faisais remarquer que ce devait être l'une des trois priorités des cinq prochaines années, ce qu'il ne contredisait pas : il n'était pas équipé et n'avait reçu aucune instruction en ce sens. Instruction qui n'aurait eu d'ailleurs un quelconque sens qu'avec la mise en place d'une organisation adaptée.

Quelques mois auparavant à Bruxelles, rencontre avec les directions générales chargées de l'aide et du développement, grandes directions dont les choix ont un impact considérable. Le constat est souvent abrupt : oui, il existe bien des relations de travail au quotidien avec les fonctionnaires de qualité qui composent la représentation permanente française – l'un des endroits où l'on met les meilleurs. Mais avec Paris, au-delà des grand-messes institutionnelles, quasiment rien. En comparaison des Britanniques – auteurs d'un document *Comment influencer la politique européenne de développement ?* – et de quelques autres, nous n'engageons guère de discussions informelles suivies sur les stratégies et les bonnes pratiques ; nous pesons peu sur les orientations futures, alors même que, de l'aveu même de plusieurs chefs de délégation de la Commission dans les pays, il existe de sérieuses interrogations sur leur pertinence. Confession terrible de l'un d'entre eux : sur la pensée du développement, l'Union européenne est effacée par la Banque mondiale. L'Europe cherche encore sa pensée, mais nous ne l'y aidons pas vraiment. J'allais d'ailleurs retrouver cette absence française, cette incapacité de nouer des relations de travail régulières, tant politiques que techniques, dans bien d'autres organisations internationales.

Variations sur une leçon serbe

Quelques semaines après le 29 mai 2005, je m'étais rendu dans ce qui était encore la Serbie-et-Monténégro pour une série de conférences sur l'avenir de l'Europe programmées bien avant le référendum. Quoique ne représentant personne, comme premier conférencier français, par le hasard des choses, à venir parler d'Europe après le « non » français, j'étais attendu. La presse reprit largement mes propos comme elle l'aurait fait alors avec n'importe quel autre Français. Malgré le choc sous lequel j'étais encore, j'essayai de rassurer, de tracer des perspectives heureuses et positives. Je souhaitais m'adresser surtout aux europhiles et démocrates serbes. J'avais pu mesurer la puissance du débat sur l'avenir européen trois ans auparavant, lorsque j'avais parlé aux étudiants serbes des droits de l'homme, de la mémoire du passé, de la souveraineté et de l'État. L'ambassade avait d'ailleurs bien perçu ces enjeux puisque, dès 2002, elle avait lancé les « mercredis de l'Europe », rencontres régulières entre une personnalité serbe et un Français – j'avais alors débattu publiquement avec Predrag Simic, conseiller diplomatique du président.

Avant de partir pour Podgorica, je dînai à Belgrade avec Vladimir Goati. Nous parlâmes de mille sujets et la conversation en vint au vote majoritaire en faveur du « non » des plus jeunes électeurs français. Avec la précision dépouillée de son remarquable français et les accents prophétiques de celui qui a connu les « sombres temps » de l'histoire, cet intellectuel profond, participant aux combats démocratiques du siècle précédent et de l'actuel, président de *Transparency Serbia* – ce qui signifie quelque chose en termes de courage physique –, me lança : « Vous, Français, qu'avez-vous fait de votre conscience historique ? »

Cette phrase me hante aujourd'hui encore et appelle mille réflexions sur l'enseignement, notre place dans l'histoire, la formation de l'esprit public, mais aussi la manière dont nous construisons nos objectifs dans le monde. N'épiloguons pas sur les causes, multiples et diverses, du

« non » français et des autres ni sur les erreurs de communication – y compris les miennes – des partisans du « oui ». Une chose est certaine : une absence de stratégie nationale, portée par le politique, qui fait des questions internationales non seulement la priorité du gouvernement, mais l'horizon d'action et de vie d'une majorité de citoyens conduit au repli. Ou, plus exactement, elle nous prive de l'apport indépassable du monde dans la formation de notre conscience historique. Elle renferme l'histoire sur l'histoire nationale, avec ses certitudes, ses constantes et ses fixités. Elle nous conforte dans nos illusions et nous empêche de donner un avenir à l'histoire. Ce petit détour dans ce pays brisé qui doit mettre à distance ses démons pour prospérer me rappela ces quelques leçons fondamentales. Elles m'accompagnèrent aussi dans mes plus récentes escapades.

3

Ils avancent

L ES AUTRES ne sont pas toujours meilleurs que nous, ni plus vertueux. Ils ont aussi leurs querelles administratives, tout aussi mesquines, et leurs œillères politiques. Et pourtant ils avancent, souvent mieux que nous, dans le monde qui s'ouvre. Ils marquent des points sur les marchés, dans le combat des idées, dans la propagation de leurs modèles. Ils le font avec suffisamment de discrétion comme de profondeur pour qu'on ne perçoive pas ces avancées comme des conquêtes globales. Il faut le plus souvent effectuer la recollection de succès spécifiques, ici dans le domaine juridique, là dans celui des normes techniques, ailleurs dans l'élaboration des programmes de développement, ailleurs encore sur le terrain doctrinal pour percevoir l'ampleur de ce mouvement.

Les sept piliers de l'expansion internationale

Au-delà des variations propres à chaque nation, ces autres pays disposent le plus souvent de sept qualités que nous n'avons pas.

D'abord, ils sont rapides et réactifs, peuvent prendre une décision importante – car elle a été bien mûrie et étudiée en amont – en quinze jours et changer d'orientation stratégique en deux ans. Cette faculté de réaction et d'initiative existe aussi au niveau des responsables de terrain.

Ensuite, ils ont la capacité de dégager, si nécessaire, la masse critique. Pour une action jugée prioritaire, ils peuvent « mettre le paquet » en termes de moyens humains et financiers, là aussi sans attendre un an.

En troisième lieu, leur système international est large et multiforme. Il ne repose pas seulement, ni parfois essentiellement, sur les administrations, mais aussi sur le milieu académique, la sphère économique, des fondations politiques ou caritatives.

Par ailleurs, ils ont une stratégie ; ils savent quel est leur objectif dans tel pays, dans telle organisation et dans tel secteur. Cet objectif peut être politique, économique... ou « idéaliste », souvent un mixte des trois. Il comporte un énoncé des moyens d'action.

Cinquièmement, ces pays ne craignent pas de communiquer : ils produisent documents stratégiques, programmes d'action, documents de travail, études diverses, très largement diffusés à l'extérieur. La publicité de leur stratégie les aide d'ailleurs à la formuler ; elle les y oblige en tout cas, ce qui n'est pas si mal, en comparaison avec la France. Bien sûr, cela n'exclut pas toujours la duplicité ; certaines politiques présentées comme désintéressées ne le sont pas toujours. Mais, globalement, beaucoup d'autres pays disent ce qu'ils font et font ce qu'ils disent.

De surcroît, ils ont une politique de présence et de maillage serré : ils savent être plus présents que nous dans les lieux de décision et de discussion et « travailler au corps » les organisations internationales. Grâce aux qualités déjà citées, ils ont la capacité à être « proactifs ».

Enfin, leurs ressortissants ont un point commun essentiel : une fierté nourrie par le patriotisme. Certains responsables étrangers critiquent leurs gouvernements, mais ils sont au bout du compte solidaires, qu'ils soient fonctionnaires, universitaires ou privés. Tous voudront d'abord servir leur pays, quitte à s'allier avec l'« adversaire » intérieur. Il n'y aura pas de secret entre eux. La communication est fluide et organisée – tout le contraire de chez nous, où des experts français peuvent rester plusieurs années à l'étranger sans être une seule fois contactés par l'administration parisienne compétente, sauf pour de la paperasserie bureaucratique.

Le nouvel empire britannique

Imaginez que vous soyez le représentant dans un pays donné du DFID, le *Department for International Development*, ministère de la Coopération britannique. Vous disposez d'un document stratégique pluriannuel pour chaque pays, que vous avez contribué à élaborer et qui est régulièrement actualisé. Vous pouvez communiquer ce document public, qui se trouve sur le site Internet du bureau local. Dans ce cadre, jusqu'à 7 millions de livres (environ 9 millions d'euros), vous disposez d'une quasi-autonomie dans l'emploi des fonds. Vous pouvez recruter un consultant, mettre à disposition un agent auprès d'une institution internationale sur place, faciliter la poursuite d'un projet, d'une organisation ou d'une autre agence sur place, aider une communauté villageoise par l'achat de petit matériel, faire venir un expert pour une assistance ponctuelle, en somme gérer les projets avec souplesse et réactivité. Pour le montage de projets particulièrement compliqués, vous pouvez disposer de groupes de spécialistes, formés à Londres selon des standards stricts. Si un projet de coopération bilatérale vous paraît justifier une forte visibilité, Londres dégagera un budget substantiel : pensons aux 30 millions de livres que les Britanniques consacrent à la lutte contre le sida en Chine. Ils agissent plus que nous dans le cadre d'actions bilatérales, mais ils savent trouver un bon relais dans les organisations internationales et disposent d'une capacité exemplaire autant que discrète à orienter les contributions qu'ils leurs apportent. Ils viennent de transférer l'année dernière 800 millions de livres à la Banque asiatique de développement. Ce ne sera pas en pure perte, pas plus que pour l'Espagne le transfert de 500 millions d'euros au PNUD. Ces deux pays orientent ainsi intelligemment les projets de ces institutions.

Bien sûr, comme chef de délégation du DFID sur le terrain, vous bénéficierez du relais des représentants britanniques auprès des organisations internationales. De toute manière, cet univers vous sera familier, car vous y aurez peut-être vous-même travaillé, à moins que ce ne soit dans une grande ONG. Sur place, grâce à des équipes étoffées, les liens seront étroits avec les organismes multilatéraux et vous pourrez fort bien contribuer à organiser leur stratégie. Les capacités d'analyse de vos équipes seront du meilleur niveau et il ne vous sera pas difficile de puiser dans les multiples documents du DFID pour illustrer les bonnes pratiques. La pensée britannique en matière de développement est d'ailleurs reconnue comme l'une des meilleures au monde – la meilleure même. Ceci ne devrait pas changer prochainement, puisque le ministre vient de dégager, pour la période 2008-2013, 1 milliard de livres (presque 1,3 milliard d'euros) consacrés à la recherche en matière de développement. Les équipes qui pourront répondre à ce programme gigantesque ne seront pas que britanniques, mais les meilleures du monde entier. Et le déficit britannique pourrait, lui aussi, nous inspirer.

Cette coopération est en grande partie autosuffisante, mais elle recourt aussi à des experts privés. Soucieuse de la transparence des procédures, elle lance des appels d'offres largement ouverts, mais la société *Crown Agents*, liée à une fondation du même nom, est souvent choisie. Dotée de plus de 800 experts de premier plan et capable de mobiliser un large réseau de partenaires, elle est aussi très présente sur les appels d'offres des organisations internationales et des États. Les grands cabinets de conseil britanniques et les cabinets juridiques suivent d'ailleurs de près ce marché, comme les principales universités britanniques, qui disposent en général de structures spécialisées de réponse aux appels d'offres internationaux.

Considérons aussi le secteur de la santé : l'expertise britannique peut y disposer d'un personnel en nombre et de haut niveau grâce à la *London School of Hygiene and Tropical Medecine* – si vous préférez les États-Unis, allez donc à la *Harvard School of Public Health*, mais ne cherchez pas côté français, en dehors des études médicales proprement dites.

Le Royaume-Uni a perdu son empire colonial, mais il en a recréé un autre par le travail et l'intelligence. Deuxième budget d'aide public au développement au monde, il n'agit pas que par charité. Il reste une grande puissance mondiale.

La machine allemande

Qui, par la présence d'une dizaine d'ingénieurs au ministère chinois des Transports, définit les normes techniques des chemins de fer chinois ? Qui, en Chine encore, a fourni les principaux concepts pour la législation sur la propriété intellectuelle ? Qui, en Chine toujours, forme en nombre des ingénieurs chinois ? Qui, au Brésil, dispose de quarante experts techniques et de près de 60 millions d'euros de crédits essentiellement destinés aux politiques d'environnement et d'emploi ? Qui, au Vietnam, est le maître d'œuvre de la politique de santé et peut aligner dix présidents de groupes pharmaceutiques autour du Premier ministre vietnamien le jour de la fête nationale ? Qui, en Europe centrale et orientale, mais aussi en Inde, dans d'autres pays d'Asie et en Amérique latine, dispose d'un maillage permanent, par le biais de fondations, de centres de recherche ou d'universités, avec le milieu intellectuel de ces pays ? Qui, en Inde, oriente les projets de la Commission européenne, est présente depuis cinquante ans et développe des projets ambitieux en matière d'environnement, d'efficacité énergétique et de développement économique ? Qui, pour boucler encore avec la Chine, est capable de présenter des projets cohérents et bien construits aux organisations internationales sur place ? L'Allemagne. Et quand Angela Merkel reçoit le dalaï-lama, cela ne crée pas le moins souffle d'air sur la présence allemande à Pékin.

On dit encore parfois que l'Allemagne est un nain en matière de politique étrangère. Outre que c'est de plus en plus faux, elle a bien une stratégie en matière de présence internationale. Sincèrement préoccupée de la situation des pays en développement, elle sait aussi ce qu'est un investissement rentable et elle dispose d'une base économique qui lui offre la possibilité de conquérir de vastes marchés. Quand elle le souhaite, elle sait mobiliser une masse critique de crédits et d'agents dans le cadre de son agence technique qui travaille pour le compte du ministère de la Coopération, la GTZ (*Gesellschaft für technische Zusammenarbeit*). Une société privée, la GTZ-IS (*International service*), juridiquement indépendante, dispose d'une expertise reconnue dans la réponse aux appels d'offres. L'Allemagne bénéficie aussi d'une pléiade d'organismes spécialisés dans la formation, le droit et les normes. Le monde est l'horizon naturel d'action de ses universités, de ses fondations et de son industrie. L'efficacité allemande n'est pas que légendaire.

Le Nord, au-delà de l'idéal

Le haut niveau d'aide publique au développement dans les pays nordiques appartient à leur consensus social et politique. Cela ne signifie pas qu'ils restent passifs devant les nouveaux défis. Au contraire, ils adaptent continuellement leurs stratégies en termes de destinataires et d'instruments. La Suède vient ainsi, en trois ou quatre ans, de mettre en place de nouvelles priorités géographiques et passe au crible – comme d'ailleurs le Royaume-Uni, le Canada et le Japon – sa stratégie avec les organisations internationales. A l'image du Royaume-Uni, le responsable sur place de l'Agence suédoise de coopération internationale dispose d'une large autonomie d'action dans le cadre d'une stratégie fixée par Stockholm, ce qui lui permet de réagir vite.

Ne jetons aucune suspicion sur le caractère désintéressé de l'aide suédoise et nordique en général. Elle est aussi un instrument d'influence et de promotion des idées. Elle donne lieu à une mobilisation moins d'agents publics que d'ONG, de collectivités et de bureaux spécialisés des universités. Sur le terrain, on peut aisément mesurer le poids dans les orientations des organisations internationales de ce qu'on appelle de manière significative le *Like-Minded Donors Group*, auquel appartiennent les pays nordiques. Le travail d'élaboration intellectuelle de l'Agence suédoise de coopération est d'ailleurs conséquent ; ses documents de travail font autorité au niveau international et guident les politiques sur le terrain. En matière d'action humanitaire, la Suède dispose d'une forte capacité de déploiement d'experts très spécialisés dans les situations de crise.

La coopération suédoise n'est pas dénuée de retombées significatives. La coopération des collectivités locales a des effets positifs sur le secteur privé et certains programmes de coopération sont transmis pour information au *Swedish Promotion Board* afin de favoriser une présence des entreprises. Les représentants de l'Agence sur le terrain produisent aussi des informations sur ce que font les autres donateurs afin que les entreprises suédoises puissent mieux contrer celles des pays tiers. Une politique de coopération fondée sur l'intérêt des pays n'est pas forcément angélique.

Le soleil se lève toujours au Japon

Déclinant, le Japon ? Dans sa politique extérieure, ce n'est pas vraiment visible. Se cherchant sans doute, n'étant pas toujours clair sur ses objectifs, perturbé par ses débats politiques internes, en pleine réorganisation de son dispositif de coopération, il n'en avance pas moins. Après une diminution de son aide publique au développement (APD), qui l'a fait descendre pendant deux ans à la cinquième place, il a vite compris tout l'intérêt qu'il avait à reconquérir sa position de troisième bailleur bilatéral derrière les États-Unis et le Royaume-Uni,

Allons en Chine où le Japon est le premier bailleur : 160 experts japonais travaillent au Centre sino-japonais de protection de l'environnement. Les industriels nippons organisent des visites pour montrer aux Chinois leurs techniques en matière d'efficacité énergétique. Des experts juridiques japonais planchent en permanence sur la réglementation économique chinoise et aident Pékin dans l'élaboration de ses lois sur la concurrence et les marchés financiers. Le Japon organise des sessions de formation à Tokyo sur l'arbitrage et les procédures civiles.

A l'Inde, le Japon a apporté 500 millions de dollars en 2007. Son aide décroît certes fortement, mais les entreprises japonaises, qui ont bénéficié depuis longtemps des prêts de la Banque de développement international du Japon, y ont des positions avantageuses dans le domaine des infrastructures, de l'eau, de la reforestation et de l'irrigation. Nous pourrions continuer encore notre voyage en Indonésie, en Thaïlande et au Vietnam : les 52 % de son APD que le Japon consacre à l'Asie y sont visibles et sa capacité à travailler avec la Banque mondiale, le PNUD et, plus encore, la Banque asiatique de développement, où il est particulièrement bien représenté par un personnel de grande qualité, amplifie encore son influence.

Et l'Afrique ? C'est une priorité de plus en plus importante pour le Japon, qui a bien pris conscience de la nécessité d'y contrer le jeu chinois – d'autant que son retard d'investissement est préoccupant. Mais il a réagi. Sait-on que le Japon est l'organisateur depuis 1993 de la TICAD, Conférence internationale de Tokyo sur le développement en Afrique ? Que lors de la dernière réunion, fin mai 2008, le Japon a annoncé un effort additionnel conséquent – doublement en cinq ans de son aide vers l'Afrique –, largement destiné aux infrastructures et à l'agriculture, et s'est engagé à former 100 000 professionnels de santé africains au cours des cinq prochaines années ? Quand il le souhaite, même s'il donne l'impression de tergiverser, le Japon sait dégager des marges de manœuvre.

Le Japon sacrifie-t-il la pensée à l'action ? Outre sa politique de présence bien organisée dans les organisations internationales, il a compris l'enjeu politique et à terme économique d'un investissement doctrinal. Disposant d'un institut de recherche sur le développement, qui a la capacité de former des experts envoyés sur le terrain dans des secteurs de haute technicité, il vient encore d'accroître de plusieurs dizaines le nombre de chercheurs travaillant sur le secteur du développement et n'hésite pas à faire appel au Prix Nobel d'économie Joseph Stiglitz et à d'autres experts étrangers pour garantir l'excellence internationale de ses équipes.

L'Amérique, encore et toujours

Certes, nous ne pouvons nous comparer aux États-Unis, ni par la taille, ni par la puissance militaire et économique, ni par les instruments de la puissance mondiale. Malgré les efforts importants de notre ministère de l'Agriculture, nous n'aurons jamais les 1 000 personnes du *Foreign Agriculture Service*, présents dans 71 pays, de son homologue américain, ni ses 40 – bientôt 80 – experts en stratégie pays. Cela ne signifie pas pour autant que nous devions négliger leurs leçons et faire comme si les errements de l'administration Bush et l'impopularité qui en a résulté dans certaines zones du monde n'en faisaient pas notre principal concurrent sur les marchés économiques et intellectuels. Et ce d'autant plus que la puissance américaine est si diverse que les acteurs privés et académiques ne sont guère pris dans les remous d'une politique et d'une idéologie aventureuses.

La guerre en Irak n'a en rien diminué l'attractivité des universités américaines pour les élites chinoises, indiennes, européennes, russes et du

Moyen-Orient. Elle n'a pas davantage compromis le maillage considérable de ses *think tanks* et fondations. Ni la fondation Bill et Melinda Gates – qui pèse plus de 20 milliards de dollars –, ni la fondation Clinton ne sont assimilées aux choix de Washington. Ni Harvard, ni Yale, ni George Soros, ni le *German Marshall Fund*, ni même Carnegie et la Rand. Elle n'a pas plus entravé l'action de ses cabinets de conseil et de ses *lawyers* dans la propagation des pratiques managériales et de la *common law*, y compris dans des pays plus proches de la tradition du droit continental. Les scandales financiers, la sous-évaluation du dollar et la crise des *subprimes* n'y ont rien fait.

Les États-Unis savent d'ailleurs bien jouer de leur pluralisme. Prenons le *National Endowment for Democracy*, créé en 1984, qui finance des projets susceptibles de contribuer à la promotion de la démocratie dans le monde et bénéficie d'une subvention publique. Il se compose de quatre structures, liées respectivement au Parti démocrate, au Parti républicain, aux syndicats et au milieu des affaires. Chaque structure promeut ses propres projets en toute indépendance. Le manque de coordination interministérielle suscite aussi une forme de pluralisme, certes involontaire. L'USAID (*United States Agency for International Development*), dont l'état d'esprit général est plutôt de tendance démocrate, dispose de représentations qui conservent, malgré tout, une large autonomie de gestion. Les tentatives de contrôle plus strict par le Département d'État n'ont pas complètement abouti. Si le malaise est réel et profond chez ses agents, il apparaît comme une forme de contrepoids à certaines orientations de l'administration Bush et à la philosophie différente de la *Millenium Challenge Corporation*, créée par celle-ci et qui, sans doute, ne lui survivra pas.

Bush ou pas, *business is business !* Combien de structures d'expertise internationale au monde ont le poids de la société ARD, bras séculier non seulement de l'USAID mais de multiples agences internationales et nationales ? Capable d'offrir, grâce à un réseau considérable de consultants, une gamme de services dans quasiment tous les domaines d'activité (agriculture, institutions, finances, gestion de l'information, environnement, infrastructures, etc.), c'est un opérateur méconnu de la puissance américaine. Sait-on aussi que, sous l'uniforme américain lors des opérations de crise, des agronomes, des urbanistes, des spécialistes des finances publiques ou de la gestion des eaux, préparent la reconstruction et les contrats qui l'accompagneront ? Cela peut provoquer des scandales graves, comme en Irak, mais c'est globalement assez efficace ! La faiblesse de nos experts civils lors de ce type d'opérations auxquelles nous participons oblige pour le moins à la comparaison. Ce n'est pas demain que l'Amérique sortira du jeu mondial.

4

En être ou ne pas en être ?

L'AFFIRMATION surprendra : la France est un pays de scrupules. Chacun connaît le cynisme de la Françafrique ; d'autres montreront du doigt les contrats signés lors des voyages présidentiels et diront que la France a vendu son âme pour quelques milliards d'euros. Il existe aussi d'autres réalités : un angélisme plus grand que pour d'autres pays dans l'indépendance de nos ressortissants fonctionnaires des organisations internationales ; une nette séparation entre les préoccupations de développement et celles liées à l'exportation, qui fait que nous sommes mal placés dans les pays en transition et émergents ; une réticence, elle aussi très honorable, à entrer dans le jeu de la concurrence des donateurs ; une capacité à privilégier les actions désintéressées sans penser au coup d'après et rebondir dessus. Moins glorieusement, une propension à surestimer l'impact de ce que nous accomplissons et la reconnaissance que cela induit.

Ce paradoxe s'explique par un double malaise. Le premier est classique et concerne l'ensemble de la communauté internationale. Le paysage est idéologiquement mouvementé par les réflexions constantes sur l'efficacité de l'aide et le souci de ne pas vicier les projets par des perspectives commerciales de « retour sur investissement ». Chacun insiste à l'envi sur la nécessité de développer des pratiques durables : le succès de l'aide consiste à ne plus en avoir besoin. Des règles internationales opèrent la distinction entre les pays éligibles à l'aide publique au développement et ceux qui disposent de suffisamment de ressources pour s'en passer – avec une large gamme de situations mixtes. Toutes les déclarations soulignent le nécessaire passage de l'influence quasi tutélaire à l'autonomie des États qui doivent assumer leurs responsabilités. En même temps, émergent des problématiques transversales aux pays en développement, en transition et développés, telle la lutte contre le changement climatique.

D'autres pays se sortent mieux que nous de ce maelström. Comme nous, ils pratiquent et acceptent le déliement de l'aide, mais une expertise adaptée leur permet de bien s'en tirer. De fait, ce déliement, qui prohibe d'avantager ses ressortissants dans les appels d'offres liés aux projets, n'est pas que vertueux en termes de moralité publique ; c'est aussi une incitation fabuleuse à la qualité. Ils promeuvent les avantages de l'aide budgétaire de préférence à l'aide par projet, mais leur investissement par la présence et la pensée les conduit à bien l'orienter. Dans les pays en transition et émergents, la reconnaissance qu'induisent des dons de montants élevés les avantage dans les opérations à valeur commerciale. La combinaison de l'aide bilatérale et d'une aide multilatérale bien fléchée démultiplie leur poids. Là aussi, souplesse, mobilité, réactivité et imagination.

Le second malaise est spécifique à la conduite de la politique internationale française. Nous n'avons pas défini ce que nous attendions en termes d'intérêt national de notre coopération, de notre politique culturelle extérieure et de nos investissements – dès lors parfois symboliques – dans les futurs grands pays du monde. L'angélisme et l'absence de conscience de nos intérêts, d'un côté, les errements de la Françafrique, de l'autre, sont le recto et le verso du même sou. Ils proviennent de l'absence de sélection et de séparation des différents objectifs. Ils conduisent à ne pas savoir les faire concorder et, concrètement, à concevoir une stratégie conséquente en Asie et en Amérique latine. Le poids des habitudes prédomine, avec seulement un peu d'argent en moins. Nous peinons à évaluer périodiquement ce que nous faisons – pratique banale chez les autres. Nous laissons dériver certaines interventions au fil de l'eau sans nous demander ce qu'une masse critique de plus en plus insuffisante permet

d'espérer comme résultats. Notre politique internationale apparaît en grande partie comme une
collection de non-choix.

Le paradoxe de la concurrence des donateurs

Cinq missions en Bosnie-Herzégovine il y a
deux ans dans le cadre d'un projet européen.
Pays attachant et ingérable, aux structures baroques, divisé, imprévisible, pacifié quand même
après un conflit monstrueux, où la France ne
compte guère et a peu de moyens si ce n'est par
le truchement de l'Union européenne. Pays sur
lequel se penchent les bonnes fées comme les
mauvais génies de la communauté internationale,
arrachant tant bien que mal quelques progrès
politiques et quelques avancées économiques,
mais où les discordes des donateurs offrent
comme un prétexte à l'immobilité. Tous, PNUD,
Banque mondiale, Union européenne, OSCE,
SIGMA, de multiples agences bilatérales y vont
de leur plan d'action, de leur document stratégique, engageant des projets qui se recoupent sans
toujours se compléter, ajoutant la confusion à la
confusion. Nous sommes en dehors — et c'est
presque mieux. Chacun est bien intentionné, souhaite d'ailleurs instaurer une coordination s'il la
dirige, a d'excellentes idées, et j'y ai perçu autant

de dévouement qu'ailleurs. Il n'y a pas là de gigantesques ressources à exploiter ni de grand marché à prendre : la concurrence n'obéit pas à des motifs prédateurs. Les discordes politiques lui sont aussi largement extérieures. Pourquoi alors ce jeu stérile, source de mal-développement et gaspillage de ressources budgétaires rares ? En raison d'un mélange de logique institutionnelle, d'orgueil mal placé et d'un jeu de pions plus large où l'abaissement du concurrent devient le signe d'une victoire. Paysage du pire donc, seulement pour faire comprendre de quoi il retourne.

Ce jeu ancien, on le rencontre encore trop souvent, même si la situation s'améliore dans de nombreux pays. Certains engagements solennels, comme la Déclaration de Paris sur l'efficacité de l'aide du 2 mars 2005, finissent par produire quelques effets. Dans des pays où la France est fortement engagée pour des raisons politiques ou économiques, et probablement plus encore pour des pays que leurs progrès économiques situent dans une zone intermédiaire entre pays en développement et pays développé, cet impératif oblige à des adaptations que d'autres ont mieux comprises que nous. D'un côté, il n'est pas question de jouer cavalier seul pour des raisons d'efficacité et parce que nous n'en avons pas les moyens ; de l'autre, nous avons des intérêts à promouvoir, des positions à occuper et des idées à défendre. Quand nous agissons seuls, nous devons le faire

autant que possible en harmonie avec les autres ;
quand nous passons par un levier multilatéral,
celui-ci doit idéalement correspondre à notre
conception des choses.

Si nos concurrents investissent autant sur les
idées et se montrent si entreprenants dans leurs
relations avec les organisations internationales,
c'est pour cette raison. La concurrence existe,
mais elle doit être orientée vers le bien commun.
Cette compétition n'est pas forcément malsaine
dans un contexte où les pays récipiendaires sont
plus vigilants et la communauté internationale
plus attentive. Elle oblige les pays comme la
France à un effort accru de pertinence, d'imagination et de qualité. Elle la conduit aussi à penser
son action dans la durée et à éviter la dispersion.

Or, sauf probablement en Afrique francophone où la coordination fonctionne mieux et où
la France dispose encore d'un certain pouvoir
d'orientation, elle peine à entrer dans ce jeu et se
marginalise. Souvent absente lors des réunions
locales des organisations multilatérales, peu en-
cline à vendre ses projets et parfois peu capable
de le faire, elle pâtit souvent d'un personnel
insuffisant, d'une faible capacité de mobilisation
de l'expertise sur les projets et d'une absence de
doctrine définie au sommet. Cela serait domma-
geable pour la coordination des actions mais non
pour ses intérêts si elle disposait de fortes capacités propres d'intervention. Ce n'est le cas ni en

Asie, ni en Amérique latine, ni en Afrique anglophone et lusophone, et de moins en moins dans les pays francophones, sauf dans ceux où elle dispose d'une taille critique par le biais des prêts de l'Agence française de développement, qui reste aujourd'hui le seul organisme français porteur, sur la scène internationale, d'une doctrine d'intervention en matière de développement.

Acteur bilatéral insuffisamment reconnu – sauf parfois en Afrique de l'Ouest et, plus pour longtemps sauf réorientation majeure, au Vietnam –, la France n'est pas non plus un élément de poids dans l'action des bailleurs multilatéraux. Compte tenu de leurs moyens incomparablement supérieurs aux nôtres, c'est pourtant vital. Où est-elle alors ? Que fait-elle ?

Le public contre le privé

On ne disputera pas le fait que la politique internationale soit de la responsabilité première de l'État. Ce principe ne connaît pas d'exception. Mais ce qui lui donne une force effective, ce sont une organisation mobile, ouverte, orientée par des priorités, des relais larges dans la société, une pensée riche, un secteur privé fort... et une absence de propension à vouloir tout contrôler. C'est une combinaison de liberté et de capacité

d'initiative, d'un côté, d'esprit patriotique inté-
riorisé, de l'autre, qui conduit chacun à savoir ce
qu'il doit faire dans l'intérêt de son pays autant
que dans le sien propre.

Dans ce contexte, l'État français est mal placé.
C'est d'autant plus visible aujourd'hui que se
combinent au même moment une impécuniosité
croissante et un élargissement du monde. Pour
des raisons qui tiennent à une puissante ingénierie d'État et à des corps d'inspection et de
contrôle très présents, le secteur du conseil en
ingénierie privée et du conseil en stratégie s'est
peu développé en France. Faute de marché
national large, ses bases de développement international faisaient défaut, d'autant que la puissance publique elle-même, dans les premiers
temps de la coopération de substitution en
Afrique, a fait largement appel à des dizaines de
milliers de coopérants experts en son sein : ensei-
gnants, agronomes, ingénieurs, médecins, vétéri-
naires, fonctionnaires des administrations
« administrantes ». Cela n'a fait que renforcer les
compétences de corps remarquables et qui, bien
utilisés, peuvent être un atout français. De l'autre,
cela a laissé peu de place à la constitution d'un
secteur privé ayant la taille critique suffisante.

Nous avons ainsi quelques belles PME, quelques cabinets reconnus sur des secteurs de niche,
mais pas comparables aux géants anglo-saxons,
capables de proposer des projets clés en main

avec financements intégrés, de consacrer des budgets importants à la prospection et à l'action d'influence et d'être présents sur de multiples fronts à la fois sans problèmes majeurs de trésorerie. En matière de conseil, non seulement les *Big Four* anglo-saxons (PricewaterhouseCoopers, Ernst & Young, Deloitte et KPMG), mais d'autres moins connus ont une puissance inégalée sur les appels d'offres internationaux, bien au-delà de leurs métiers de base. Allons dans tel pays d'Asie et regardons les méthodes d'un grand cabinet qui rayonne sur une zone large. Tous les appels d'offres sont suivis, depuis la publication jusqu'à la mise en œuvre. Les responsabilités sont distribuées à chaque étape et les associés savent en temps réel où l'on en est et qui fait quoi. S'il manque une compétence, les réseaux du cabinet sont si puissants qu'on parvient à la dénicher dans l'heure. La méthode est systématique et industrielle.

Dans certains domaines d'avenir comme la santé et l'éducation, la France en est aux balbutiements. On en mesure le coût en termes d'emploi et de création de richesse ; on devrait vite s'en rendre compte sur le terrain de l'influence politique. Dans un monde aux marchés en expansion, le secteur public ne peut suffire, même si ses experts sont souvent mieux adaptés aux projets que les immenses machines américaines. Il faudra aussi que les administrations cessent de rechigner à lâcher leurs meilleurs experts : le secteur public a aussi des places à prendre dans la compétition mondiale.

L'État français, qui semble toujours craindre de s'appuyer sur le privé et d'établir avec lui des partenariats à égalité, connaît ainsi une situation de pénurie dans plusieurs branches. Tant qu'il n'aura pas compris que les secteurs privé et académique seront demain les acteurs déterminants de sa puissance extérieure, que ce qui importe est le portage du projet et non la provenance – ni même d'ailleurs la nationalité – de celui qui le met en œuvre, il sera condamné au rôle de supplétif.

Rendons-nous au Canada. Soit un immeuble un peu triste à Ottawa, un ascenseur vieillissant. Quelques bureaux à l'étage, assez exigus. On entre à CANADEM, la réserve civile du Canada, qui gère 10 000 experts, essentiellement privés, de manière fine, ciblée, selon des critères d'évaluation rigoureux et avec une contrainte de disponibilité absolue. Tous les domaines sont concernés, depuis la sécurité et la prévention du terrorisme jusqu'à l'agriculture – un expert a même été missionné pour réintroduire la vigne au Kosovo ! CANADEM a ainsi recruté plus de 2 500 Canadiens pour l'ONU et les autres agences internationales, mais beaucoup aussi pour divers États – pas seulement le Canada – et des grandes ONG. Un partenariat avec divers pays lui a aussi permis d'agrandir ses viviers au-delà de ses frontières. Discret, efficace, CANADEM est devenu l'un des tout premiers pourvoyeurs d'expertise internationale au monde. Comme l'Agence canadienne de développement international, il peut aussi s'appuyer sur une multitude d'acteurs publics comme Élections Canada, Statistiques Canada, Correction Canada (l'administration pénitenciaire) ou encore la Gendarmerie royale du Canada.

Certes, nous sommes loin de ne rien faire. Dans plusieurs secteurs, nous avons des organismes de placement d'experts publics sur des appels d'offres dynamiques et compétents. Tous savent que leur poids est très insuffisant pour compter sérieusement sur la scène internationale et sont en même temps en butte à des difficultés administratives sans nom. Comme souvent en France, le bricolage auquel ils sont réduits produit, rapportés à leurs moyens, des merveilles… mais à une échelle dérisoire. Continuellement, tel responsable se pose la question : « Dois-je y aller ? ne pas y aller ? Comment vais-je trouver les experts ? Vont-ils rester ? Cela en vaut-il la peine ? Vaut-il mieux réaliser X ou Y ? » Tout cela n'est pas digne d'un pays comme le nôtre. Ou alors, il doit arrêter d'afficher ses prétentions.

Et ne nous attardons pas sur l'antienne bien connue de l'absence pendant longtemps, de la faiblesse toujours, de nos fondations et de nos *think tanks*. Une partie de la classe politique et administrative commence tout juste à comprendre l'intérêt qu'il y aurait eu pour notre pays, et même aujourd'hui pour nos finances publiques, à soutenir celles-ci pendant longtemps par des crédits publics et des avantages fiscaux. Un plan de rattrapage sera rude, long... mais pas si coûteux. Nous n'avons pas le choix si nous voulons rester de la partie.

Masse critique ou réglage fin ?

La France est un pays perfectionniste. Ses projets de coopération comme ses programmes culturels sont minutieusement pesés – du moins hors intervention politique d'un ministre qui se déplace –, chaque poste fait l'objet de justifications soigneusement élaborées sur le papier, chaque programme paraît presque un monde à lui seul, appelé à influencer en profondeur le pays où il est monté et à illustrer notre génie national. Comme nos budgets bilatéraux fondent comme peau de chagrin, la somme d'énergie déployée sur des projets à 20 000 euros est admirable. La puissance de l'effet de levier pour réaliser nos ambitions finira bien un jour par tangenter l'infini !

Il en va de même pour nos contributions non obligatoires aux institutions internationales – celles qui sont le mieux à même, en général, d'orienter les projets. Parfois symboliques ou de pur témoignage, elles font sourire nos partenaires, qui peuvent décider en quinze jours d'apporter plusieurs millions d'euros, quand il nous faut plusieurs réunions interministérielles pour en dégager cent mille. J'ai assisté à la colère d'un haut responsable français à qui l'on demandait de glorifier un engagement de la France cinquante fois inférieur à celui de plusieurs pays européens de taille moyenne. L'instruction lui enjoignait de relever combien la France considérait cette action comme prioritaire... Il est plutôt rentré sous terre. Fermons boutique si l'on veut, mais ne demandons pas à nos représentants de se ridiculiser ! Sans même nous comparer à la Chine, qui vient de proposer à la FAO (Organisation des Nations unies pour l'alimentation et l'agriculture) de mettre à disposition 3 000 experts en développement, nous devons nous demander dans quelle catégorie nous voulons jouer.

A force de traîner des situations anciennes dont on a oublié l'origine – on aimerait bien que chaque poste d'assistant technique, par exemple, corresponde à un choix en conscience et justifié –, de ne pas choisir, quitte à mettre chacun sous la toise, de ne rien abandonner par peur de blesser – nos partenaires britanniques, canadiens ou suédois n'ont pas ces égards –, notre politique internationale a perdu sa cohérence, abandonné l'idée d'une stratégie et renoncé à influencer le cours des choses. Quand, sur impulsion politique, la France entend faire un geste symbolique fort, elle semble impuissante à le gérer. Jacques Chirac a ainsi porté à 300 millions d'euros par an la contribution française au Fonds mondial de lutte contre le sida, la tuberculose et le paludisme. Mais cela s'est traduit par des coupes sombres dans plusieurs domaines de la coopération bilatérale, y compris la santé, et nos contributions à d'autres organisations. Personne n'en avait apprécié les conséquences. De surcroît, gardons-nous de penser que nous orientons mieux les programmes de ce fonds ! Quatre personnes suivent à Paris les initiatives internationales en matière de santé, auxquelles nous consacrions 610 millions en 2007, contre dix au Royaume-Uni, sans parler d'un suivi permanent sur le terrain que nous sommes incapables de faire. J'ai pu aussi mesurer à New York l'effet qu'a eu sur notre crédibilité l'engagement de 2005, jamais tenu, d'augmenter de 40 % la contribution volontaire française aux agences de l'ONU. Cette augmentation aurait d'ailleurs requis qu'on réfléchît à ses objectifs et à la manière de la gérer intelligemment.

La réalité du monde fait que le réglage fin d'un nombre très réduit de projets – d'aide, de coopération économique, de partenariat intellectuel – suffira de moins en moins. La « France du bout des doigts » a vécu. Nous avons en face de nous des États dont les moyens d'action sont considérables.

Tous consacrent des budgets importants à leur politique extérieure et bénéficient de relais privés et académiques. Nous avons parfois l'allure d'un pays pauvre, comme ces antiques familles désargentées, aux vêtements rapiécés, recevant au mousseux et aux œufs de lump dans leur château glacé.

Les pays partenaires de la France, eux-mêmes, n'ont que l'embarras du choix. Si la France part ou s'efface, elle sera aisément et vite remplacée. Quelles que soient l'ampleur de la crise et les restrictions budgétaires, pour affronter le monde, l'argent ne manque pas ailleurs.

Qui va à la chasse...
ou l'apprentissage de la pluralité

Dès lors, où rester, d'où partir, où aller ? Le dilemme est plus difficile pour l'État que pour une entreprise. Cette dernière raisonne en fonction de critères de rentabilité, de risques, de marchés futurs, éventuellement d'image. Elle peut saisir des opportunités inattendues si elles lui paraissent raisonnables. Parfois, elle devra aller sur un marché moins rentable pour éviter qu'un concurrent ne s'y installe, développant ainsi une base dangereuse pour ses marchés prioritaires. Seules les plus grosses sociétés peuvent se le permettre. Pour la puissance publique, de multiples critères jouent : l'intérêt politique direct, y compris en termes de stabilité et de sécurité, l'influence indirecte (promotion de nos conceptions, retombées économiques, perspectives de partenariats futurs), la conquête des marchés, notre conception du développement (qui naturellement concourt aussi à l'amélioration de notre image internationale), l'illustration de nous-mêmes (via la culture par exemple). Nous devons simultanément apprendre à séparer ces objectifs, car ils ne requièrent pas les mêmes instruments, et à les réunir dans une stratégie coordonnée. Or, nous tardons à prendre la mesure des actions qu'impose la pluralité du monde. Nos instruments manquent de souplesse et d'adaptation, et ce de plus en plus dans le contexte budgétaire actuel. Nos procédures restent trop uniformes, comme notre organisation d'un pays à l'autre. Lors même que nos constats sont lucides, nous ne les transformons pas en stratégie opérationnelle.

Avec les Etats où toutes ces dimensions sont présentes, ce qui est le cas des pays émergents, de plusieurs pays en transition, et l'aide au développement exceptée, de plusieurs pays du Golfe et d'Europe centrale et orientale, nos moyens d'action doivent être les plus poussés. Car il y a peu de chances que nous soyons les seuls à produire cette analyse et la concurrence y sera de plus en plus rude. Être présents, même si c'est coûteux, même si l'investissement ne produira pas de retour immédiat, même s'il y a parfois des risques, est pour nous nécessaire. Il existe des pays où le pire danger est que d'autres gagnent des positions d'où ils seront indélogeables. Ce qui est exceptionnel pour une entreprise est une obligation pour un État qui aspire à une certaine puissance mondiale, politique et économique. Ni l'Inde, ni la Chine, ni l'Asie centrale, ni le Golfe, ni l'Afrique du Sud, ni les pays émergents d'Amérique ne sont de simples options. Si nous restons sur le seuil en nous posant mille questions métaphysiques, nous n'aurons plus de bases pour notre développement futur et nous perdrons tout moyen de contrer la concurrence. Il en va de même pour les organisations internationales. Qui va à la chasse... n'aura plus de gibier.

En parcourant le monde, j'ai perçu surtout de la tristesse, parfois de la rage, contre nos impuissances, plus que de l'autosatisfaction. Sur le terrain, les gens ne sont pas myopes. Cependant, ne surplombant pas l'ensemble du puzzle, ils se rassurent parfois en pensant que cela va mieux ailleurs. Je regrette de les détromper. Que faudra-t-il pour que le politique ouvre les yeux ?

5

Ont-ils des yeux ?

L A DISPARITION de la France du monde n'est pas un événement brutal et tonitruant. Elle se produit en douceur, par un effacement progressif de la carte du monde. Elle peut, comme par diversion, donner des signes d'alerte sans doute un peu tristes, mais relativement secondaires et qui emportent la résignation, tels la disparition du français et l'envahissement d'une culture dite mondialisée. D'autres manifestations inquiètent plus comme les mauvais chiffres de notre commerce extérieur, le nombre de brevets déposés, les piètres classements de nos universités, éventuellement la dilution de notre influence dans la machine européenne. On y trouvera toutefois des causes extérieures à notre politique internationale, et ce ne sera pas complètement faux.

En revanche, nul ne cherchera à apprécier l'évolution du poids de la France dans le monde, à l'aide de données quantitatives et qualitatives. Il n'existe aucun panorama, même fruste, des appels d'offres internationaux que nous remportons en comparaison de ceux de nos concurrents, accompagné d'une généalogie, même sommaire, de nos succès et de nos échecs. Nous ne disposons d'aucune vision d'ensemble de notre participation aux groupes de travail, cercles de pensée, lieux académiques, là aussi comparative. Elle est si faible, il est vrai ! Parvenir à une vision des trous et des manques préjudiciables serait plus éclairant… et dramatique, qu'il s'agisse de sécurité, de stratégies régionales, d'environnement, d'économie internationale et même de politique africaine.

De manière plus fine, nous n'avons aucun instrument de mesure de notre influence sur les orientations des organisations internationales, faute d'ailleurs de savoir ce que nous en attendons. Plus inquiétant encore : nous ne mesurons pas le recul de notre droit, des normes techniques qui, par secteur, sont familières à nos industriels, et des conceptions de l'ordre économique et social qui peuvent être les nôtres.

Si nous ne mesurons rien, c'est que nous n'avons pas décidé. Et nous n'avons pas décidé parce que nous ne voyons rien. Sans objectifs, pas d'indicateurs de résultats. Sans instruments de mesure, ne reste qu'un pilotage à l'aveugle, qui permet de se reposer sur toutes les illusions. Nous habillons nos incertitudes du beau terme de « rayonnement », sans savoir ce qui rayonne ni où. Soyons certes heureux et fiers des succès que nous remportons : il existe des actions de coopération exemplaires, des appels d'offres remportés, des influences parfois mesurables. Mais n'oublions jamais que l'effet de masse est l'échelle du nouveau monde et que la réputation – l'antique *fama* – est elle aussi mondialisée.

Un plan de bataille ?

Une discussion à la mi-2002 avec un haut fonctionnaire des Affaires étrangères. Nous revenions de Washington avec une idée triviale et partagée : les États-Unis avaient décidé d'envahir l'Irak. La seule question était celle du quand et du comment. Observation du responsable : « Ce n'est pas notre hypothèse. Nous voulons faire en sorte que Washington n'agisse pas de manière unilatérale et que toute éventuelle mesure soit décidée au sein de l'ONU. » Question subsidiaire de notre part : « A-t-on donné instruction à nos ambassadeurs dans certains pays cibles – Europe centrale et orientale, tel ou tel pays d'Amérique latine et d'Asie – d'enquêter sur la manière dont les autorités américaines essayaient de gagner ces pays à leur cause ? » Non, bien sûr, mais il est vrai que cela pourrait être intéressant. On connaît la suite, y compris le coup de fureur du président Chirac, quelques années après, devant ce qu'il estimait être un manque de solidarité européenne de nos voisins européens de l'Est.

On aurait pu ajouter que, à défaut de capitaliser sur de solides réseaux antérieurs, il n'eût pas été inutile d'engager avec une certaine ampleur, avec l'aide de personnalités « non officielles », des discussions avec les milieux académiques et les leaders d'opinion, la publication de tribunes dans la presse, là aussi sous des signatures diverses, et d'inscrire aussi nos positions dans une philosophie à moyen terme, parlante pour ces pays. Mais avions-nous l'organisation pour le penser et le mettre en œuvre ?

C'est peut-être l'un des drames de notre politique extérieure : elle accorde un poids important à l'« influence » dans le discours sans la qualifier avec précision, et sans aller jusqu'au bout dans la considération de ses moyens d'action. L'influence est en théorie simple à définir : elle consiste à amener l'autre à la conviction qu'il est bon pour lui, en dehors de toute menace, d'agir comme nous le souhaitons. L'influence est la puissance fondée non sur la coercition mais sur l'autorité d'une raison ou d'un argument – ou de la séduction. Pas d'objectifs, pas d'influence. Ces objectifs peuvent être naturellement lointains et se diviser en une série d'objectifs intermédiaires : remporter un marché d'expertise dans le domaine juridique constitue ainsi un élément de reconquête pour notre droit ; mais l'objectif réel est qu'il s'impose dans le plus grand nombre de pays, ce qui suppose de se donner les moyens d'en remporter cent.

On retrouve là aussi la masse critique et la spécificité des objectifs de l'État. Tout en ne pouvant agir seul, il devra définir une stratégie d'influence large auprès de relais différents : gouvernements, leaders d'opinion et presse, milieux académiques, organisations internationales, parfois grands groupes privés et syndicats. Qu'il s'agisse de normes techniques ou de systèmes juridiques, il lui faudra exercer son influence non seulement au niveau des États, mais aussi des instances multilatérales. Il en va de même pour les bonnes pratiques en matière de développement, où l'action portera sur tel ou tel programme spécifique, mais aussi sur le travail d'élaboration de documents cadres internationaux. Tout ceci devra naturellement être coordonné. L'ensemble des relais devront être identifiés et mobilisés, la stratégie intellectuelle se traduire par l'élaboration de documents de travail largement diffusés et une connaissance fine des actions des principaux concurrents être recherchée. Sans qu'elle doive tout régenter, car une stratégie d'influence doit être décentralisée et capable d'adaptations, une tête de réseau est indispensable. Celle-ci devra combiner trois approches : géographique, sectorielle et par organisation internationale. Nous en sommes encore loin.

Comment créer une politique publique ?

Mettre en œuvre ce plan de redressement oblige à affronter une question pratique redoutable, qui est aussi le pont aux ânes des spécialistes de science administrative : comment créer une politique publique ? Autrement dit, comment mettre en œuvre une politique qui n'existe pas, tout au plus par bribes, politique qui bouscule les organisations, oblige les acteurs les plus divers à travailler ensemble, repose également sur un *leadership* de haut niveau qui veille à l'effectivité des décisions ? Dans d'autres pays, déjà cités, la situation paraît plus facile en raison de leur antériorité dans l'établissement de structures performantes, d'équipes chargées de la stratégie plus étoffées, d'une plus grande souplesse de gestion et d'acteurs non étatiques plus nombreux. Par un paradoxe classique, la meilleure séparation – fût-elle source de tensions internes et de tentatives d'un contrôle accru des ministères chargés des Affaires étrangères – entre la diplomatie, la politique de développement, l'action culturelle – et intellectuelle – extérieure et l'expansion économique crée une politique extérieure plus forte et mieux ciblée dans ses objectifs et ses moyens.

Notre pays, certes, ne part pas de rien – ce serait d'ailleurs plus facile –, mais de réseaux administratifs solides dont il faut en grande partie réorienter les actions. Il lui faut faire du neuf avec du vieux. Nous parlons là non des personnes, parfaitement capables de s'adapter, mais d'organisations dont le jeu collectif va à l'encontre de leurs intérêts bien compris. C'est vrai de nos Affaires étrangères. Laissons là les poncifs sur les diplomates : beaucoup sont remarquables, quelques-uns exceptionnels et limitées sont les « erreurs », même s'il suffit de quelques-unes, un peu visibles, pour discréditer injustement une administration. Je puis attester qu'ils travaillent beaucoup. Rares désormais sont les situations, pas exceptionnelles il y a quinze ans, où l'ambassadeur et ses équipes restent enfermés chez eux et ne s'immergent pas dans le pays où ils représentent la France. Ce sont d'ailleurs les premiers à se plaindre de l'absence de direction, d'organisation pilotée et de stratégie. Ils enragent devant les occasions manquées, la méconnaissance des enjeux et des politiques souvent sous-dimensionnées et à courte vue. Ils mesurent sur le terrain la réalité des illusions. Conduits à hisser en tout lieu le drapeau français, ils savent que le fortin ne garde souvent rien.

L'administration centrale reste une machine chargée de gérer les urgences, les grands dossiers « politiques », les déclarations officielles... et la pénurie. De réforme approximative en réforme différée, elle ne s'en sort plus. Parfaitement consciente des faiblesses de la France, elle peut lancer des débats urgents, comme celui sur l'influence en 2004 – mais elle ne sait donner suite. Confession de plusieurs : nous n'avons pas le temps de penser une stratégie tant soit peu ordonnée pour la zone dont nous avons la charge. L'eussions-nous eu, ajoutent-ils, nous n'avons pas la maîtrise de l'ensemble des moyens qui nous permettraient de programmer sa mise en œuvre. Aveu de quelques autres diplomates : il faut tout reprendre à zéro, mais cela suppose qu'on nous donne une feuille de route claire et intelligente et qu'il y ait une réelle direction – aux deux sens du mot. Un autre, parmi les grands, avoue : nous ne en sortirons pas tout seuls, sinon nous l'aurions déjà fait. Ou tel ancien ministre : mystère – pascalien ! – d'une administration qui marche de manière aussi claudicante alors qu'elle dispose d'autant de gens de premier niveau. Le tout et la partie !

Regardons également son Centre d'analyse et de prévision (CAP), qui a vocation à nourrir la pensée stratégique à partir de réflexions de fond et à féconder le débat dans les lieux de pensée internationaux. Ses membres sont de qualité, mais sa taille est inférieure de moitié au *Planningstab* allemand. Un expert y travaille sur l'Afrique, contre huit dans la structure équivalente au *Foreign and Commonwealth Office*. Et ce dernier dispose d'une arrière-cour de *think tanks* aptes à produire des recommandations opérationnelles sans commune mesure avec la nôtre.

Voyons enfin la masse fabuleuse d'informations en provenance des postes. Chaque jour, il y aurait deux cents pages passionnantes à lire dont l'essentiel, non confidentiel, gagnerait d'ailleurs à nourrir la pensée académique et parfois le monde économique. Tout ceci n'est pas traité, transformé en stratégie, alors que la matière existe. L'administration centrale ne sait pas répondre non plus aux cris d'alarme. Soit l'un d'entre eux, dans le télégramme rédigé par un ami – signé selon la règle par l'ambassadeur – sur notre risque de perdre pied dans telle organisation si nous ne réagissons pas *rapidement* – il s'agissait de 100 000 euros, de mémoire, qui changeaient la donne. Trois jours après, je lui adresse un e-mail en le complimentant pour son analyse et son argumentation et en lui faisant part de mon plein accord. Réponse : « Je suis rassuré. Ton message m'indique qu'une personne a lu mon télégramme ! » Rien n'advient, tout se perd, et il en est mille exemples. Comment, dès lors, agir ?

Devant tant de talents gâchés, on a vraiment envie d'aider cette administration. Comment, dans cette situation dont elle est loin d'être seule responsable, peut-elle être capable de concevoir des politiques nouvelles, d'écouter et d'analyser ce qui vient de l'extérieur, d'irriguer le corps social ? Tentée par la volonté d'inclure dans la diplomatie toute question dont la dimension devient internationale – peur du dessaisissement qui en dit long sur son manque d'assurance –, elle étouffe sous le poids d'une charge qu'elle n'a pas les moyens d'assurer. Redresser cette belle et grande maison, qui reste l'une des plus aguerries en matière de négociation et d'affaires politiques, est une priorité. Il faudrait d'ailleurs que sa réforme soit pilotée par des personnalités extérieures, pour dépasser les effets de routine et de réseaux. Comment sinon vaincre l'inertie par la décision ?

Qui décide ?

Un ami, qui fut l'un des grands directeurs du *Foreign and Commonwealth Office*, le ministère des Affaires étrangères britannique, me faisait récemment la remarque suivante : « Ce qui est important n'est pas de montrer qu'on a le pouvoir, mais de l'exercer. Il vaut souvent mieux influencer une décision prise par d'autres qui disposent de l'autorité pour la faire respecter, que de la prendre soi-même sans pouvoir l'appliquer. » Notre ami parlait du jeu complexe entre prérogative interministérielle et décision ministérielle. Sa leçon pourrait aussi s'appliquer à la conduite des affaires internationales. Elle mérite d'être suivie en France pour la définition d'une stratégie internationale dont, aujourd'hui, quasiment aucun ministère ne saurait être exclu. Faute d'une décision au plus haut niveau de l'État, seule à pouvoir s'imposer à tous et casser les conflits de compétences et de pouvoir, rien de conséquent ne sera entrepris.

Sans doute notre pragmatique Britannique entendait-il aussi rappeler un autre principe, lui aussi valable autant dans l'ordre interne que dans le domaine international. Lorsqu'une administration entend défendre sa conception dans un débat interministériel, elle doit s'assurer qu'elle est la plus solidement étayée. Elle ne peut se contenter de l'invocation de sa position « traditionnelle », ni différer sa réponse. Elle se trouve placée dans l'obligation de penser et de répondre de ses résultats. Devant la panne actuelle de stratégie internationale, cette mise en concurrence et en commun des idées et des projets n'est pas un luxe. Dès 2002, nous avions ainsi proposé l'institution d'un Conseil d'analyse européenne et internationale, composé d'un cercle élargi chargé de l'analyse et d'un autre plus restreint et confidentiel, responsable de la décision. Ce Conseil de stratégie internationale – appelons-le ainsi – placé auprès du chef de l'État définirait des plans d'action opérationnels à moyen terme pour les politiques de coopération, dans les pays en développement comme pour les pays émergents et en transition, les actions de conquête des marchés d'expertise et les stratégies intellectuelles. C'est à ce niveau que se décideraient aussi les stratégies à conduire avec les organisations internationales et l'ampleur de l'aide publique au développement. Compte tenu de son importance intrinsèque – à quel niveau plaçons-nous le curseur de notre politique de solidarité internationale ? – et de ses effets induits sur notre crédibilité et notre influence politique, elle requiert une décision explicite. Elle ne saurait être la résultante d'une confrontation, dans le secret des cabinets, entre les ministères qui en ont la charge et la direction du Budget. Cette manière de procéder, en particulier pour tout ce qui a trait à notre action internationale, participe au non-choix et à la non-action.

Reste la mise en œuvre. Ne cédons pas à la tentation typiquement française de créer des structures pour le plaisir ! Ne fabriquons surtout pas de monstre bureaucratique. Quand surgit une politique nouvelle, il faut seulement qu'elle ait un responsable opérationnel disposant des moyens d'agir sans se trouver empêtré dans des mécanismes bureaucratiques sans fin. J'ai ainsi proposé que soit créé, avec une structure réduite, un haut commissaire pour l'expertise internationale. Se placer sur des marchés de centaines de milliards d'euros, organiser une stratégie d'expertise intellectuelle et, en amont, structurer et développer une offre française digne de ce nom, actions qui ont une profonde unité, mérite bien un responsable ! La France a besoin d'un « numéro de téléphone » sur ce qui constitue la base concrète de son action extérieure. L'expérience montre aussi qu'il lui faut un commis voyageur qui aille rencontrer les responsables des organisations internationales et des États avec lesquels nous entendons travailler. Quant à l'arrière-cour des organismes d'expertise, publics et privés, des fondations, des instituts, des centres de recherche et des universités, qui tous veulent avancer, aidons-les d'abord à travailler en levant les barrages qui entravent leur développement.

Perspectives géographiques : ce qui nous attend

Faut-il présenter un scénario noir ou un scénario rose ? Le noir permet d'attirer le regard et oblige à l'action ; le rose définit mieux où nous devons aller, mais peut nous conduire à penser que le processus est déjà bien engagé. Risquons un mélange.

Dans les pays nouvellement entrés dans l'Europe – mettons à part les îles –, nous connaissons trois risques majeurs. L'un ne nous concerne pas de manière exclusive – c'est un enjeu pour toute l'Europe et au-delà – et vaut pour la plupart des autres zones, avec à chaque fois des modalités spécifiques : le développement de multiples formes de criminalité (corruption, blanchiment, drogue, traite, contrefaçon, etc.). Il impose une coopération de grande ampleur et la mise à niveau des forces de sécurité – reconnaissons que nos services s'y emploient. Nous pouvons nourrir plus de craintes pour les marchés d'expertise. Si nous ne voulons pas être distancés par les Allemands, les Britanniques et les Américains, un plan d'action urgent s'impose. Il en va de même pour le maillage intellectuel, où notre retard est abyssal. Nous risquons d'être de plus en plus marginalisés, ce qui sera lourd de conséquences pour notre stratégie européenne, internationale et de sécurité.

Le risque d'une mise hors jeu est tout aussi présent dans les pays ayant vocation à intégrer l'Union européenne ou qui pourraient y entrer un jour (Ukraine). Sauf peut-être en Serbie, les partenariats intellectuels sont quasi inexistants ; nous pesons trop peu – malgré quelques jumelages réussis – sur la stratégie des organisations internationales ; notre poids politique et économique est faible, malgré une action exemplaire en Ukraine en matière agricole. Avec ce pays comme avec la Turquie, malgré des difficultés politiques, un investissement accru doit être fait qui portera ses fruits à moyen terme.

Reconnaissons que le Caucase et l'Asie centrale attirent plus notre attention qu'il y a quelques années. Zones de troubles et à risques – voyons la Géorgie –, ces parties du monde sont désormais au cœur de l'action européenne et nous nous y impliquons plus. Mais là aussi, au-delà des grands contrats et de quelques actions de coopération administrative réussies, notre dispositif n'est pas à niveau. Nos concurrents sont déjà présents depuis plusieurs années ; des fonds internationaux de plus en plus massifs vont se déverser sur cette zone potentiellement riche, où tout est à faire. Si la nature peu démocratique de la plupart de ces régimes empêche encore de nouer des partenariats intellectuels, nous devons aussi nous y préparer. Cela ne se décide pas à la dernière minute, quand tous les autres y sont déjà.

Avec les pays du Maghreb et une partie des autres pays de la Méditerranée, notamment l'Égypte, nous avons montré notre capacité à développer une action ambitieuse au fort retentissement politique. Nous devons toutefois prendre garde à ne pas devenir victimes de notre histoire. Dans le passé, nous avons raté quelques occasions historiques de coopération avec l'Égypte, pays où les services américains sont les plus développés au monde. Dans un pays aussi proche que le Maroc, nous sommes de plus en plus concurrencés par l'Espagne, l'Allemagne et les États-Unis. La Chine commence à s'y implanter discrètement. Nous devons également travailler davantage nos relations avec les bailleurs internationaux et ne pas considérer nos succès comme irréversibles. Ce que nous avons fait peut être défait demain si nous ne sommes pas capables de montrer d'abord que la qualité de nos projets est supérieure.

Dans les pays de la péninsule arabique, nous sommes comme dopés par les succès du Louvre à Abu Dhabi et quelques bons contrats militaires et d'aviation civile. L'intensification de la coopération dans quasiment tous les domaines, notamment par le biais de partenariats académiques, constitue un enjeu majeur en termes économiques et d'influence. Nous ne sommes pas les seuls à comprendre que ces pays sont d'ores et déjà en phase de préparation de l'après-pétrole : les Émirats arabes unis ambitionnent d'être une place majeure en termes de services financiers, de technologie, d'enseignement supérieur et de recherche ; le Koweït a cette ambition dans le domaine juridique, principalement pour le droit économique. Nous commençons à explorer ces potentialités. Si nous jouons petit, nous n'arriverons à rien. Nous resterons une échoppe au pied des tours de verre.

Il ne s'agit pas pour nous de nous retirer d'Afrique francophone au moment où les Chinois y débarquent et où les Japonais y intensifient leur action. Plus que jamais, mais de manière accrue par le truchement des organisations internationales, nous avons le devoir d'y promouvoir des pratiques durable de développement et d'y renforcer l'ensemble des services administratifs, y compris dans le domaine de la sécurité intérieure et de la défense. Grâce à l'Agence française de développement qui y est aujourd'hui l'acteur essentiel, nous garantissons la qualité de nos projets. Nous devons toutefois mieux apprécier l'utilité des centaines d'assistants techniques qui y travaillent. Avec cette Afrique, nous devons être exigeants sur les résultats dans le domaine de l'aide, mais aussi vigilants sur les risques d'affaiblissement de nos positions. D'ores et déjà, dans certains pays – qui ont pourtant repris l'essentiel de notre système administratif et juridique –, nous subissons la concurrence, encore discrète mais résolue, du droit commercial anglo-saxon. Dans le domaine des finances publiques, faute de suffisamment d'experts français disponibles, nous commençons à voir apparaître les grands cabinets américains. Si nous arrivons à maintenir encore une certaine présence dans le secteur de la santé, le relais pris par les organisations internationales conduira à une présence accrue de spécialistes d'autres nationalités. Au-delà des problèmes politiques et des crises qui conduisent au rejet de la France comme en Côte-d'Ivoire – cela peut se reproduire ailleurs –, notre influence est de moins en moins assurée.

Notre engagement en Afrique ne saurait non plus être borgne. Si nous négligeons l'Afrique anglophone et lusophone au nom d'une sorte de

Yalta africain, nous perdrons toute crédibilité. Il ne s'agit pas seulement de marchés ou d'influence diplomatique. Ce sont des partenariats économiques et intellectuels qu'il nous faut organiser avec les pays africains les plus avancés, aujourd'hui l'Afrique du Sud, demain le Nigeria, le Kenya, l'Angola, le Mozambique et la Guinée équatoriale. Nous partons de loin.

Banalité peut-être, mais c'est avec les pays émergents d'Asie (Inde et Chine, mais aussi Malaisie) et les États en transition de cette zone (Thaïlande, Indonésie, Philippines, bientôt Vietnam), que l'effort le plus massif est à accomplir et les risques de perdre de pied les plus considérables. N'oublions pas que les Britanniques et les Allemands vendent à l'Asie deux fois plus que nous. Si nous n'avons pas une attitude beaucoup plus offensive sur la réponse aux appels d'offres, si notre partenariat scientifique et intellectuel ne connaît pas une croissance soutenue, si nous restons extérieurs aux travaux des *think tanks* qui se développent dans plusieurs pays de la zone, si nous ne nous donnons pas les moyens de peser plus sur les règles juridiques et les normes techniques en vigueur dans ces pays – et l'action doit passer aussi par les canaux internationaux –, leur développement se fera sans nous. Plus encore, nous serons les spectateurs passifs de leurs prises de position dans les enceintes internationales dont le poids sera sans cesse accru. Nous avons une capacité de réponse aux enjeux qu'ils connaissent en matière d'environnement, de santé, de législation, de gestion des collectivités, de systèmes administratifs ; encore devons-nous être capables de le montrer.

Ces enjeux sont d'ailleurs identiques, même si le poids démographique du continent est moindre, avec les pays les plus importants d'Amérique latine. Les marchés d'expertise y sont colossaux et les opportunités de partenariats scientifique et universitaire considérables. Certains *think tanks*, notamment au Brésil, commencent à compter et mériteraient que nous nouions avec eux des relations de travail durables. Dans certains d'entre eux, des facteurs politiques peuvent jouer en notre faveur, en même temps que des raisons de proximité intellectuelle. Nous avons déçu quelques promesses et certains de ces pays peuvent craindre d'être en queue des priorités. Compte tenu du développement de pays comme le Brésil ou le Mexique, c'est aujourd'hui que l'effort de mise à niveau doit commencer.

Dans peu d'années, si nous n'agissons pas, la France sera à son crépuscule dans plusieurs de ces zones. Il y a un moment, certes difficile à préciser, où le redressement devient impossible et où les dés sont jetés.

6

De quelques rêves, un jour…

J E ME GARDERAI de penser que les actions que je propose sont simples, encore moins que le monde vers lequel nous allons est propice au repos. Outre que nous n'en avons pas fini avec la guerre et les conflits violents, le monde de demain sera marqué par une concurrence de plus en plus impitoyable non seulement dans le champ économique, mais également dans le domaine de l'intelligence et des idées. Autant nous devrons mettre en place de nouveaux mécanismes de coopération et de solidarité au niveau européen et international, autant nous devrons développer nos forces et nous aguerrir. L'excellence qu'il nous faudra acquérir dans tous les secteurs – on peut l'appeler « professionnalisme » – n'offrira aucune garantie, mais sera une condition.

Voici cinq brèves fictions dont le propos n'est pas de divertir, mais de mieux imaginer que par le biais d'un énoncé administratif de propositions le résultat que nous devrions atteindre dans cinq domaines-clés : un maillage intellectuel mondial, la conquête des marchés d'expertise, la performance de nos ambassades – qui ne dépend pas que des ambassadeurs, mais d'une stratégie en amont –, la reconnaissance du rôle de la fonction publique dans l'action internationale et l'attraction des élites en France.

Dans vingt ans, notre intelligence mondiale

Sur le mur du fond du bureau d'Edmond Stern, directeur de la stratégie extérieure au ministère des Affaires mondiales, un immense écran tactile. Ce Franco-Belge, qui a fait ses études secondaires en Allemagne et a obtenu un master à Harvard et un double PhD à Singapour et à McGill, a été quelques années professeur de stratégie internationale à Oxford, puis à Abu Dhabi, tout en étant consultant pour l'OSCE, l'ONUDC, la Banque asiatique de développement et l'Union européenne, avant d'être recruté par la fondation Obama pour la science et la démocratie. Depuis un an, il a rejoint la diplomatie française. Tout en s'entretenant au téléphone avec le commissaire européen ukrainien chargé de la politique extérieure de l'Union, il parcourt du doigt l'écran afin de faire basculer les données sur la note de synthèse de son rapport d'activité.

Du Brésil, il tire les huit notes de synthèse produites par les groupes mixtes franco-brésiliens à destination du G17 et les plans de cours des vingt professeurs français invités, parallèlement conseillers du gouvernement, de certaines régions ou de *think tanks* brésiliens. Il sélectionne trois des vingt *executive summaries* produits par les six centres de recherche français. Il souligne d'un trait rouge signifiant « confidentiel » les résultats des quatre groupes de travail à haut niveau qui se réunissent trois fois par an au niveau des directeurs en mettant en face les résultats obtenus conjointement à l'ONU, dans le cadre du nouvel accord Union européenne/ALENA (2018) et à l'OMC (2020).

Son doigt glisse ensuite sur la rubrique « publications ». Outre les documents de travail hebdomadaires de la direction en anglais, en espagnol et en arabe, les quatorze ouvrages traduits en huit langues – tous en ligne –, la revue mensuelle et les *policy papers* opérationnels destinés aux seules autorités politiques, il reprend la liste des publications partenariales, douze en tout, avec les Indiens, les Chinois, les Américains (deux), les Britanniques, les Tchèques, les Polonais, les Ukrainiens, les Brésiliens, etc.

Apparaît ensuite une catégorie « *others* », où figurent les 2 548 papiers parus en 2019 dans les journaux étrangers, rédigés par des Français, portant sur des problématiques internationales, classés par grands thèmes – chaque thème fait l'objet d'une synthèse analytique – et mentionnant leur éventuelle reprise politique.

Au chapitre des organisations internationales, il glisse sur les groupes de travail et panels d'experts des cinq dernières années et s'attarde sur les traductions de leurs discussions dans des recommandations et des décisions, parfois quatre ans après – il pousse un long soupir.

Tandis que son agenda électronique lui rappelle qu'il doit partir dans cinq minutes prendre l'avion pour la rencontre trimestrielle élargie d'Astana avec ses homologues d'Asie centrale, une petite lumière « OTAN/Union européenne » clignote soudain, comme pour lui rappeler un oubli. Il s'empresse de faire basculer une note de ce dossier en mode sécurisé sur son ordiphone pour la lire tranquillement. Après plus de quinze ans de débats difficiles et d'allers et retours incessants, un accord a enfin été conclu, qui prévoit un partage clair des tâches en même temps qu'une coordination entre l'OTAN et l'Union européenne. La note que Stern voulait relire n'était pas l'accord, qu'il connaissait par cœur, mais le récit de sa genèse, qui remonte à la grande réforme, opérée en 2012, de l'appareil extérieur français. Pour parvenir à un accord sérieux et global, il était vite apparu que les discussions entre les chancelleries ne pourraient pas aboutir. Au-delà des crispations et des désaccords majeurs au sein de l'Union, les concepts mêmes n'étaient pas assez travaillés. La France et trois de ses partenaires avaient alors décidé de faire naître une réflexion polycentrique sur ce sujet. Des groupes de travail, parfois à deux, parfois à plus, avaient été montés dans huit pays européens, l'essentiel des discussions donnant lieu à des papiers publics, parfois même dans la presse d'opinion. D'autres réunions informelles s'étaient régulièrement tenues avec des *think tanks* et des universités américaines – au-delà, bien sûr, des contacts entre administrations. Des simulations avaient été faites, des scénarios rédigés ; progressivement, certains groupes politiques avaient été impliqués dans l'exercice – les conseillers des gouvernements l'étaient dès l'origine. Quelques colloques avaient aussi été organisés. Même si la France avait dû concéder certains compromis par rapport à sa position initiale – qui avait d'ailleurs évolué –, les principaux schémas avaient été poussés par des experts français, certes pas toujours d'accord entre eux, et la centaine d'articles parus dans la presse internationale – à peine moins que ceux rédigés par les Américains – attestait la fécondité de leur pensée.

Laissons là la fiction et tâchons d'imaginer ce que signifierait une stratégie d'intelligence mondiale. Celle-ci ne peut en aucune façon se contenter des actions limitées et sans lendemain dont nous avons l'habitude. Cette stratégie doit se conduire sur le long terme et par étapes, sans les mouvements de *stop and go* qui caractérisent nos moyens d'action extérieure. Elle suppose une base intellectuelle plus forte qu'aujourd'hui. Imaginons par exemple le maillage intellectuel auquel nous souhaiterions aboutir en 2020, en dévoilant les parties de l'écran de Stern que nous n'avons pas éclairées. Cela donnerait notamment des groupes de travail réguliers dans une quinzaine de pays, des partenariats intellectuels avec les universités dans une quarantaine, une stratégie systématique de présence active – avec papiers et prise de parole – dans les forums mondiaux et régionaux, des cycles de conférences réguliers sur des thématiques bien ciblées par pays, une stratégie active d'intervention dans les médias internationaux et une présence régulière dans les groupes de travail des organisations internationales.

Bien sûr, ces multiples échanges, qu'il convient d'organiser, doivent respecter les principes de liberté et de diversité. Ils reposent essentiellement sur le milieu académique et sur des experts publics et privés qui n'auront pas à exprimer une parole officielle. Nous n'aurons jamais la force de frappe des États-Unis, mais nous devons accroître substantiellement la taille de notre milieu académique sur les questions internationales et de sécurité, et internationaliser nos experts nationaux sur les disciplines variées afin de nourrir le dialogue sur les politiques – économie, environnement, questions sociales, etc. Il n'est pas normal, pour un pays comme la France, qu'il n'existe sur telle zone, tel pays ou telle question stratégique, comme c'est souvent le cas, qu'un seul spécialiste de dimension internationale. Dans trop de domaines majeurs, il y a aussi des « trous ». Cette évolution doit être organisée sur une décennie. Il n'est pas imaginable non plus, comme me le confiait François Bourguignon, ancien chef économiste de la Banque mondiale, qu'on ne puisse compter que sur quatre économistes français pour participer régulièrement à ses groupes d'experts et contribuer ainsi à orienter sa stratégie.

Pour le milieu académique français dans ces domaines-là, cela suppose d'accepter un autre aboutissement à certains de ses travaux. Sans délaisser la recherche théorique – on ne peut toujours songer à l'action sans corrompre la poursuite de la vérité –, une partie des travaux universitaires peut suggérer des recommandations pratiques aux gouvernements. Ces recommandations ne sont certes plus de l'ordre du vrai que requiert la science, mais elles ne sont pas arbitraires pour autant. Il ne paraît pas anormal, comme cela se pratique ailleurs, qu'une note sur l'Inde, la Chine, les conflits dans la corne de l'Afrique, l'énergie en Asie centrale ou la réforme économique en Russie soit accompagnée de conseils au gouvernement ou de l'énoncé de choix alternatifs.

Nos marchés ou les aventures de l'excellence

Perséphone Mouranché était émue aux larmes. Le président de la fondation Lula da Silva pour le développement international venait de lui remettre la Médaille d'or de l'expertise responsable, décernée tous les quatre ans, pour l'action qu'elle avait conduite comme haut commissaire français à l'expertise internationale. En ce 20 juillet 2020, Kinshasa était verdoyante et les jets d'eau de la fondation Guggenheim qui abritait la cérémonie semblaient répondre aux orateurs. Pendant trois ans, des experts indépendants engagés par la fondation Lula avaient passé au crible les projets mis en œuvre dans le cadre des appels d'offres de huit organisations internationales, d'une vingtaine d'États émergents, de trente grandes villes et de sept fondations internationales. En termes quantitatifs, la France venait en quatrième position derrière l'Inde, la Chine et le Royaume-Uni, mais elle était première en termes de standards de qualité devant l'Espagne et le Canada.

Le président de la fondation avait, dans son discours, rappelé quelques-uns des critères qui avaient guidé les enquêteurs. Certains étaient formels, notamment la ponctualité et le respect des délais, la disponibilité des experts, la capacité à s'exprimer dans la langue du pays et au moins en anglais, la faculté à s'adapter aux spécificités de la zone. D'autres étaient plus substantiels, notamment le caractère durable du projet, ce qui impliquait une appropriation par les bénéficiaires et généralement une formation adéquate, le respect d'une bonne quarantaine de normes sociales et environnementales, la cohérence du projet *a posteriori* avec d'autres programmes corrélés, l'institution de mécanismes transparents dans le fonctionnement du projet (prévention de la corruption, clarté des normes juridiques applicables, procédures rigoureuses pour le lancement d'appels d'offres subséquents), le caractère supportable de son coût de fonctionnement, le consensus social autour du projet, notamment dans des pays marqués par de forts conflits internes, communautaires, sociaux ou religieux, le caractère en grande partie transposable de certains projets pilotes.

Pour en arriver là, Perséphone Mouranché et son prédécesseur avaient dû batailler rude. Ils avaient piloté la mise en place, par grands secteurs d'activité, de larges viviers d'experts du public, du privé et du monde académique et mis au point un système de certification homologué par ces experts. Ils avaient imposé, tant à Paris qu'au sein des principales ambassades, un suivi des appels d'offres des grandes organisations internationales, des États et des collectivités et établi des réseaux d'information en temps réel entre les représentations françaises auprès des organisations internationales, les ambassades et les administrations centrales. Ils avaient monté des équipes commandos disponibles dans les quinze jours pour produire des études préalables à la demande et avaient eux-mêmes pris leur bâton de pèlerin pour nouer des contacts permanents avec les principaux responsables des organisations internationales et des pays prioritaires.

La France était ainsi progressivement devenue le *leader* reconnu en matière d'organisation de la santé, d'expertise environnementale, de réformes des systèmes éducatifs, de mise à niveau des institutions politiques et judiciaires, de rédaction des codes juridiques, de systèmes agricoles et de gestion des ressources hydriques, de restructuration du secteur privé et d'accès au crédit et aux technologies financières. Elle était particulièrement sollicitée, après les conflits, pour recréer des institutions et les mécanismes de gestion des infrastructures de base. Déjà excellente, son expertise en matière vétérinaire était devenue inégalée, de même que celle en gestion des manifestations et des grands équipements sportifs. Même si cela ne fut pas mentionné au cours de la cérémonie, on savait que l'expertise française en matière d'armement, mais aussi d'organisation et de doctrine d'emploi des forces armées, était la troisième au monde. Beaucoup de ces expériences avaient donné lieu à des publications et avaient contribué à forger la doctrine des organisations internationales. Elles étaient parfois même gravées dans le marbre sous la forme de « recommandations » édictées au plus haut niveau. Beaucoup de ces experts passaient d'ailleurs régulièrement du terrain aux groupes consultatifs de ces organisations et aux *think tanks* spécialisés. Les plus chevronnés d'entre eux consacraient aussi une partie significative de leur temps à former la « relève ».

Dans son message de félicitations, le président de la République avait aussi souligné que, en dix ans, le secteur de l'expertise internationale avait créé en France 15 000 emplois directs et environ 100 000 indirects. Certes, un tiers des emplois nouveaux du secteur étaient pourvus par des étrangers de toutes nationalités : Africains du Nord et du Sud, ressortissants des pays d'Europe centrale, Indonésiens, Indiens, Mexicains, Brésiliens, Chinois, Kazakhs, etc., sans parler des Américains, des Allemands, des Britanniques et des Espagnols. Mais le développement de notre action, y compris dans les réseaux universitaires, avait, écrivait-il, apporté une contribution de plusieurs dizaines de milliards d'euros à notre pays, dont une partie avait concouru à accroître nos excédents budgétaires, réinvestis en majeure partie dans l'action internationale. De fait, l'expertise française avait abouti, en aval, à de nombreux contrats dans de multiples secteurs : environnement, réseaux de transport, pharmacie, systèmes de gestion urbaine, technologies de l'information, secteur privé de l'hospitalisation et de la formation. Les normes strictes qui figuraient sur les projets mis en œuvre avaient d'ailleurs favorisé les entreprises dites « responsables », label sur lequel le secteur privé avait accompli un effort particulier.

Paysage idyllique ? Cette fiction n'est pas de l'ordre de l'utopie, même si nous en sommes bien loin. Après tout, d'autres pays l'ont accompli et cela ne nécessite que peu de crédits, juste un peu de persévérance, de souci d'organisation et de constance. Si nous voulons compter demain dans le monde, avec toutes les retombées positives sur notre économie et notre richesse, il n'y a pas beaucoup d'autres voies.

Ambassadeur en 2020

Hermann Fukuyama, lointain arrière-petit-cousin de Francis, dit-on, vient de passer une bonne journée. Comme tous les soirs, à 22 heures, il s'apprête à passer deux heures sur les documents de travail français et étrangers relatifs à la Chine où il est ambassadeur depuis un an. Son père japonais, quoique travaillant en France où Hermann, de mère allemande, était né il y a quarante ans, avait tenu à ce qu'il apprenne le chinois. Depuis, sa carrière avait été fulgurante : professeur de stratégie internationale à 24 ans à Taïpeh, conseiller du secrétaire général des Nations unies pour les opérations post-crise à 28, vice-président de Care à 33, commissaire européen à 36, auteur de nombreuses publications référencées internationalement tout en ayant été régulièrement consulté par le gouvernement français, il avait été logiquement sélectionné par le Conseil public de recrutement pour représenter la France en Chine à 39.

Après son petit déjeuner bimensuel avec le représentant de la Banque mondiale, qui avait réouvert ses prêts en Chine après la grande récession de 2013-2016, il avait pris son vélo pour se rendre au ministère de l'Enseignement supérieur chinois situé à dix minutes. Une petite cérémonie avait été organisée pour fêter le cent millième étudiant français en Chine. Il en avait profité pour faire un point détaillé sur les partenariats académiques des universités françaises avec douze universités chinoises et y rencontrer les nouveaux professeurs français qui venaient d'y arriver. Il s'était ensuite rendu au bureau du représentant de l'OMS en Chine pour parapher les nouvelles conventions qui prévoyaient l'envoi d'experts français sur douze projets. Après un déjeuner avec les patrons des quatre entreprises françaises qui avaient remporté les marchés d'efficacité énergétique lancés par quatre provinces chinoises, il avait prononcé la conférence inaugurale du département des droits de l'homme de l'université Tsinghua, fondé avec l'aide de la France par le gouvernement démocratique chinois arrivé au pouvoir en 2018. Ce département devait contribuer notamment à former les experts en matière de « gouvernance » appelés à aider les gouvernements en transition démocratique de la zone. Après les succès que la coopération française en matière de droit constitutionnel et de droit pénal avait connus en Chine, cette implication avait paru logique aux autorités chinoises. A 18 heures, il avait participé au séminaire restreint organisé par le ministère de la Défense chinois et la fondation franco-allemande pour la sécurité sur les arcs de crise dans le Pacifique. Un dîner plus informel l'attendait avec son collègue indien, où il fut aussi question de la coopération régionale en matière de gestion de l'eau – son épouse travaillait pour la fondation brésilienne en pointe sur ce thème.

Fiction, là aussi ? Sur l'évolution de la Chine naturellement, mais pas sur le mouvement qu'il convient, là comme ailleurs, d'entreprendre : nouer des relations permanentes avec les organisations internationales sur place, susciter des maillages intellectuels durables, placer des experts sur les programmes, essayer d'avancer sur des projets concrets avec d'autres pays, assurer une présence de qualité par la parole – les fonctions passées de notre ambassadeur attestent sa capacité de débats dans les cénacles les plus divers –, capitaliser sur les réussites pour avancer davantage. Beaucoup d'ambassadeurs aujourd'hui rêveraient de cette journée et la géreraient aussi bien que Fukuyama s'ils avaient eu la possibilité de donner vie à ces projets.

Des fonctionnaires, citoyens du monde

Fatima Namdar, née en France de parents réfugiés iraniens dans les années 1980, était considérée comme l'une des meilleures expertes des procédures de lutte anticorruption. Recrutée par les Finances françaises, après un passage par l'OSCE, *Transparency International* et la Cour des comptes européenne, elle avait mis au jour une grosse affaire de marchés truqués. Devenue en 2018 chef du service des marchés publics, dont elle avait formé les fonctionnaires aux nouvelles règles de contrôle qu'elle avait largement contribué à mettre en place, elle passait désormais la moitié de son temps à l'étranger avec le plein appui de son administration. Un rythme de trente-cinq heures de travail en France et trente-cinq à l'étranger en moyenne par semaine ne lui faisait pas peur !

Experte sur un projet européen au Kazakhstan, sur un programme de l'ONUDC en Thaïlande, sur un projet du PNUD aux Philippines, invitée à un groupe de travail permanent à l'OSCE, elle collaborait également à la définition des projets de la Banque asiatique de développement et avait été sollicitée par le nouveau gouvernement du Congo. Chaque fois, elle formait les équipes sur place, augmentait et amendait son guide technique – traduit en huit langues – et, comme elle ne disposait pas du don d'ubiquité, ses collaborateurs venaient régulièrement. Son équipe était toujours demandée et il était rare que les consortiums dont elle faisait partie ne remportent pas les appels d'offres internationaux. Le ministre qui l'avait décorée avait fait calculer malicieusement ce qu'elle avait rapporté à la France, rien que par son activité internationale : des dizaines de millions d'euros de contrats, des partenariats durables avec des services étrangers avec un retour significatif en France en termes de lutte contre la criminalité, une aura particulière de la France en la matière – elle était d'ailleurs passée deuxième en 2019 dans les classements de *Transparency International* –, sans parler de ce qu'elle avait rapporté aux pays où elle avait œuvré.

L'exemple est-il improbable ? Non, car nous connaissons nombre d'experts de cette trempe. Oui aujourd'hui, car il est rare qu'un fonctionnaire de qualité, reconnu internationalement, puisse mener une carrière de front, ou même par moments successifs, en France et à l'extérieur. En tout cas, donner une préférence à l'international aux meilleurs fonctionnaires français – de la même manière qu'on réserve les meilleurs crus à l'export – serait une mesure gagnante. Sans doute, d'ailleurs, Fatima n'aurait-elle pas été ce qu'elle est devenue et n'aurait-elle pas illustré si bien son pays si elle n'était pas d'abord, par sa carrière, une citoyenne du monde.

Accueillir les élites

Gabor de Estancia est un directeur de l'EIA heureux. L'EIA ? L'École internationale d'administration, issue de la transformation de l'ENA décidée en 2014 après des débats houleux, même si cette idée avait déjà émergé près de quinze ans auparavant. Avec six cents élèves, dont cinq cents étrangers, plus de la moitié poursuivant jusqu'au doctorat, l'EIA a réussi son pari de concurrencer Harvard, Oxford et la nouvelle *School of Government* de Shanghai. Composée d'un corps professoral mixte, un tiers français, deux tiers étrangers, elle a commencé à placer ses premiers étudiants dans plusieurs gouvernements et plusieurs organisations internationales, ainsi que certaines grandes ONG. Malgré une procédure de sélection drastique à l'entrée et des droits d'inscription conformes aux standards internationaux pour les élèves étrangers, elle a réussi à pourvoir tous ses postes et le chiffre de mille étudiants devrait être atteint dans trois ans, soit en 2023. Des bourses d'entreprise permettent d'ailleurs d'attirer les étudiants d'origine modeste les plus brillants de Chine, du Vietnam, d'Inde, de Pologne, de République tchèque, de Hongrie, de Russie, du Chili et d'autres pays – même des États-Unis. Dès 2016, la reconnaissance de la conformité de l'EIA aux règles internationales l'a réellement dopée.

Par rapport à 2008, moment où Gabor a terminé ses études, les progrès sont réellement inespérés. Si certaines bourses permettaient à de bons étudiants scientifiques de faire des études en France, plus ou moins longues, dans des disciplines commerciales, littéraires ou scientifiques, la France n'attirait pas les « élites » gouvernementales. Certes, il y avait bien les quelques élèves étrangers de l'ENA, mais de leur aveu même, la formation ne correspondait pas aux standards internationaux, n'aboutissait à aucun diplôme reconnu, et surtout la masse critique nécessaire était loin d'être atteinte pour peser dans le monde. L'essentiel des élites d'Europe centrale, d'Asie et des Amériques avait l'œil rivé sur les États-Unis, le Royaume-Uni, plus secondairement l'Allemagne. Gabor voyait aussi la transformation de l'état d'esprit des futurs hauts fonctionnaires français : ils ne cherchaient plus la solution aux problèmes présentés dans la référence à une tradition administrative française, mais à penser par eux-mêmes, confrontant spontanément dans les discussions les modèles étrangers, au demeurant très divers, dont ils avaient connaissance. Tous considéraient que, pour travailler efficacement en France, il fallait aussi avoir eu plusieurs expériences à l'étranger dans les institutions les plus diverses et qu'il convenait de se garder de toute carrière rectiligne – ce qui était d'ailleurs désormais exclu.

Cette évolution est-elle crédible ? J'avoue être plus pessimiste, même si je la crois possible quand je vois la rapide transformation, grâce à l'international, de Sciences-Po Paris et de plusieurs écoles commerciales. En ce qui concerne l'ENA, je me suis heurté pour tout projet de transformation au poids de certains corps, à l'aveuglement à courte vue des cabinets, à l'indifférence politique en général et à l'absence de la simple pensée d'une confrontation du système élitaire français à l'international. On peut craindre que l'ENA soit la dernière à bouger alors que tout aura changé autour d'elle. Je redoute surtout qu'il ne soit déjà bien trop tard. Le coche essentiel a été raté, là aussi, au moment où l'Orient européen s'est libéré du communisme.

Songeons à ce que nous aurions gagné en influence si l'EIA avait existé alors ! Il est plus facile d'agir à la marge sur les flux d'étudiants classiques, ne serait-ce qu'en raison de l'importance de la demande, que sur ceux des élites politico-administratives. Celles-ci ont déjà leurs habitudes ; il existe des référents mondiaux ; les nouveaux établissements qui pourraient se créer seront certainement conformes à ce modèle, mais situés en Asie, voire en Amérique du Sud, plutôt qu'en France.

Il reste que, même si cela prendra nécessairement du temps pour atteindre la masse critique, une école de formation des élites internationales est une nécessité en termes d'influence, de réseaux et de reconnaissance internationale. Cette école de niveau doctoral, dotée d'un centre de recherche de niveau mondial qui pourrait aussi fonctionner comme un *think tank* et essaimer, serait un outil essentiel, ce qui rend d'autant plus dérisoires les petites querelles administratives françaises sur les corps et le classement. Je ne sais si nous pourrons réussir d'ici 2020 à nous remettre à flot, mais ne pas entreprendre une telle tâche immédiatement serait une faute politique qui, là aussi, conduirait à notre marginalisation.

Imaginons donc cette nouvelle diplomatie. Elle sonnera le glas de la diplomatie du visible et du spectacle, où l'on recherche d'abord le photogénique, fût-il confidentiel à l'échelle du monde. Cette diplomatie de l'éphémère, fondée sur la profusion d'initiatives à un coup, se fait toujours au détriment de l'action. Elle ne s'inscrit pas dans le temps. Le fameux « rayonnement » dont elle s'inspire récuse toute mesure de ses résultats concrets. Il éblouit ses auteurs plus que le monde.

Il n'est pas fortuit qu'on ait accordé depuis longtemps un privilège démesuré à la diplomatie culturelle par rapport à celle des idées et de l'expertise. La première n'est pas condamnable dans son principe si elle sait où elle va et se donne les moyens de réussir. Cela n'a pas été souvent le cas : nous nous faisons plaisir, parfois plaisons aux autres, mais que reste-t-il à la fin ? La recherche de la visibilité maximale ne saurait se confondre avec celle de l'efficacité maximale. La cause de notre culture est d'ailleurs desservie par ceux qui veulent l'isoler de la concurrence du monde et rechignent à lui donner les moyens de triompher. La protéger du fracas de la lutte entre les puissances par l'influence mondiale, c'est la laisser à la marge du monde – et la France avec. Les techniciens de l'influence seront demain les porteurs de notre diplomatie – ou elle ne sera plus.

LA FRANCE S'EFFACE…
OUI, NON, PEUT-ÊTRE

Ne pas sacrifier à la tentation du pronostic ne relève ni de la coquetterie ni de la prudence, mais d'une conviction qui repose sur des faits : l'avenir de notre place dans le jeu mondial est encore ouvert. Il ne le demeurera plus longtemps ; tout ne pourra être redressé. Certains douteront que, pour des raisons politiques, des changements suffisamment radicaux puissent voir le jour, permettant d'inverser une tendance suicidaire. Mais nous avons devant nous une fenêtre de tir pour encore deux ou trois ans.

Encore faut-il discerner ce sur quoi peut s'appuyer une volonté, qui ne saurait être grandiloquente, générale et indistincte. Il convient aussi de prendre la mesure de ce sur quoi nous ne pouvons plus peser, ou difficilement – songeons à la composition de notre tissu industriel, en comparaison avec celui de l'Allemagne –, de ce qui prendra du temps, mais peut être lancé, ou l'a déjà partiellement été – ouverture internationale accrue du milieu académique, meilleure structuration de nos PME pour leur permettre d'affronter le vaste monde, structuration de stratégies par grands secteurs, offensive intellectuelle internationale – et de ce qui peut produire des résultats quasi immédiats. Ce dernier tiers relève d'une action administrative intelligente. Elle doit, aujourd'hui, être voulue et portée sur le plan politique, car on ne peut pas faire confiance à certaines administrations pour le faire spontanément. Et celles qui commencent à s'y employer ont aussi besoin d'un *imprimatur* politique. Il en va ainsi de la structuration de l'expertise française avec une tête de pont et de la mise en œuvre, avec une masse critique, de quatre ou cinq stratégies prioritaires.

Je crains par-dessus tout la conjonction de deux pessimismes, qui sont aussi mes compagnons des mauvais jours. Le premier provient du grand renversement du monde auquel nous assistons : que pèsera demain la France dans l'ordre international ? Question qui vaut certes pour la totalité de l'Occident, qui n'est déjà plus le possesseur de l'essentiel de la richesse du monde, mais question qui nous oblige aussi à regarder ce que font nos compétiteurs placés devant la même situation que nous et à imaginer les multiples voies d'action qu'il nous reste, soit seuls, soit dans un cadre multilatéral. Le second, plus banal, provient de la simple considération de notre État et de sa capacité à prendre en charge des enjeux transversaux qui transcendent les clivages entre les ministères. Qui a engagé de multiples réformes depuis dix ans mesure la lenteur, l'approximation et les dysfonctionnements du processus. Le préalable est de savoir pourquoi nous devons agir, et qui seront demain les porteurs – les responsables – de nos possibles réussites.

Agir ou ne pas agir ?

Parfois, comme tant d'autres, je me vois tenté de dire qu'on pourrait laisser les choses en l'état. Après tout, comme il est quelquefois rétorqué, nos faiblesses ne datent pas d'aujourd'hui et la France ne s'est pas écroulée. Les points de puissance et de richesse que nous avons déjà perdus sont peut-être dans l'ordre des choses. Ainsi va le monde. *Sic transit...* et que vaut au juste la poursuite de la gloire ? Somme toute aussi, nous aurons toujours des champions nationaux, qui sont les *leaders* mondiaux de leur secteur. Cela vaut aussi dans le domaine scientifique. Laissons alors ces champions agir et s'affronter au monde, ces savants internationalement reconnus chercher, écrire et parler ; quelques autres s'écrouleront en voulant enjamber nos frontières ; la plupart n'auront de toute manière jamais accès au monde, et une série d'acteurs moyens surgiront, çà et là, pour la plupart disparaître comme des météorites, tandis que quelques-uns sortiront du lot. Tel serait, en définitive, le jeu du marché.

Cette analyse connaît une variante européenne : renforçons notre présence et développons nos actions au sein de notre *Hinterland* européen, éventuellement sur le pourtour méditerranéen et dans certains pays africains, mais ne cherchons pas trop, au-delà de ce qui est déjà acquis et entrepris, à mesurer la France à ses concurrents dans les lointaines contrées d'Asie et d'Amérique latine – certains grands groupes français y ont renoncé.

Limiter de la sorte nos ambitions est-il pour autant raisonnable ? Est-ce même prudent et réaliste ? Que vaut le discours qui assigne à la France des perspectives qui seraient « à sa mesure » ? La réponse est sans ambiguïté : elle méconnaît la réalité du jeu de la puissance dans le monde de demain. Nous devons prendre le contre-pied de quatre illusions répandues.

La première consiste à penser que nous pouvons aujourd'hui nous satisfaire d'un petit nombre de champions. Certes, ils constituent une chance et nous devons les aider. La France n'est pas la seule à avoir une stratégie de grands contrats. Toutefois, ce qui fait la force d'une nation et la profondeur comme le caractère durable de sa puissance, compte tenu de l'échelle du monde, réside dans la multiplicité. Nous avons besoin de PME solides à l'international, de milliers d'experts individuels que nous pouvons mobiliser dans des appels d'offres, de milliers de chercheurs et d'universitaires pour nourrir les partenariats académiques et les groupes de pensée. Ce n'est pas excessif pour notre pays. Pas plus que la France ne peut se contenter de ses grandes écoles et de quelques-universités d'élite en sacrifiant la majorité des universités, comme cela a été longtemps la règle, elle ne peut compter sur les seules sociétés du CAC 40 ni même du SBF 120.

La deuxième illusion réside dans la croyance qu'un pays peut ne se concentrer que sur quelques zones, en étant un acteur de second rang sinon absent des zones les plus dynamiques du monde. La réalité du monde est aujourd'hui son interconnexion. Si nous voulons être forts et performants en Afrique subsaharienne, en Europe centrale ou dans le Bassin méditerranéen, nous devons aussi l'être en Asie ou en Amérique latine. L'Afrique même, demain, nous accordera sa considération si nous sommes une puissance en Asie. On finit toujours par se détourner des perdants et des faibles. Les États feront de moins en moins confiance à des puissances limitées ; ils auront de plus en plus besoin de références mondiales. On demandera des experts ou des entreprises qui auront montré leur habileté sur les marchés d'excellence les plus rudes. Cet argument de vente fonctionne concrètement dans de gros cabinets anglo-saxons qui invoquent, non sans faculté de séduction, qu'un acteur mondial est toujours meilleur qu'un acteur régional. Ne pas accorder une priorité absolue à l'Asie, aux Amériques et aux nouveaux États phares d'Afrique, ce qui ne signifie aucunement dire *Vae victis* aux autres, c'est s'éloigner du monde.

Il est aussi une troisième illusion, qui voudrait que l'organisation spontanée des forces économiques et les initiatives individuelles des citoyens les plus talentueux constituent une base suffisante à la puissance d'un État. Dans ce scénario, la puissance publique n'aurait pas à organiser une stratégie cohérente. Or, nul État, même le plus libéral, ne fonctionne ainsi. Certes, aux États-Unis, au Royaume-Uni ou en Allemagne, les cabinets d'avocats, les sociétés d'ingénierie, les groupes divers qui placent des experts tous azimuts, les universités elles-mêmes ont leur stratégie propre, régie par des intérêts bien compris. Mais elles en discutent avec les gouvernements, bénéficient de leur appui constant, notamment financier, et sont les partenaires de leurs agences d'aide ou des structures chargées de piloter la reconstruction des pays en sortie de crise. Le lien est au demeurant constant entre les secteurs public, privé et académique et l'échange d'informations régulier. Certes, il n'existe généralement pas de plan construit d'offensive dans un pays donné, mais il est aussi des choses évidentes. L'autonomie relative des partenaires, source de souplesse et de réactivité, est d'autant plus aisée que la vision d'ensemble est intériorisée et que chacun dispose de la masse critique pour agir. Pour la France, compte tenu moins de ses traditions que de son retard, une stratégie fédérale, par secteur et par zone, doit d'abord être définie en commun et la puissance publique a probablement un rôle à jouer dans la constitution d'acteurs – d'abord et y compris privés – de taille mondiale. Cela ne signifie certes pas qu'elle ait tout à fixer dans le moindre détail, mais il est temps de comprendre comment peut fonctionner une interaction vertueuse entre les trois mondes.

Enfin, ces trois illusions reposent sur une défausse illusoire née d'une critique pourtant juste : il apparaît aujourd'hui comme évident au plus grand nombre qu'il n'est pas de vocation évidente de la France. Ni la Révolution de 1789, ni la francophonie, ni son passé colonial, ni ses traditions administratives et juridiques, ne constituent des raisons d'agir, encore moins des motifs de reconnaissance – ou de devoir –, certainement pas des guides pour l'action. En déduire que nous n'aurions plus rien à dire ni à faire est tout simplement imbécile. Ce que nous avons à vendre ne préexiste pas, mais se bâtit en fonction de deux considérations essentielles : la pertinence et l'efficacité, d'un côté, notre intérêt national, de l'autre. Oui, nous avons intérêt à diffuser notre système juridique, mais nous pouvons aussi montrer avec de bons arguments qu'il est le meilleur et le mieux adapté pour de nombreux États. Oui, il est pertinent pour nous, y compris en termes d'effets en retour, de valoriser notre expertise agricole, vétérinaire, environnementale, financière, mais nous pouvons aussi démontrer qu'elle peut être de meilleure qualité que celle que d'autres proposent. Et s'il est des domaines où elle n'est pas au meilleur niveau mondial, c'est aussi de notre intérêt national de l'y porter. Oui, il est décisif pour notre diplomatie de diffuser nos idées sur la sécurité, la résolution des conflits, la politique des droits de l'homme, les équilibres régionaux, etc., mais il nous faut travailler pour qu'elles soient pertinentes, opérationnelles et porteuses d'une stabilité accrue à terme. On peut craindre aujourd'hui qu'elles ne dépassent parfois pas le stade des généralités.

Nous devons mesurer le coût de la non-action qui signifie concrètement une sortie du jeu mondial. Compte tenu de ce que nous sommes, cela serait dramatique, au-delà du racornissement de l'esprit public qu'elle induirait. Peut-être un tel destin est-il envisageable pour un petit pays, peuplé de quelques millions d'habitants, disposant d'une politique de niches gagnante dans quelques grands secteurs industriels ou de services. Ce n'est pas possible pour un pays de plus de soixante millions d'habitants. Ce n'est envisageable ni pour l'Allemagne, ni pour le Royaume-Uni, ni pour l'Espagne, ni pour la France et plusieurs autres encore.

Pour une nouvelle diplomatie

La diplomatie française doit retrouver une faculté de *leadership*. Pour reprendre la vieille terminologie marxiste, cela signifie qu'elle doit bâtir l'infrastructure au lieu de tout miser sur la superstructure. Certes, il restera toujours une diplomatie traditionnelle faite de lentes négociations, d'avancées millimétriques sur un texte de résolution, de « discussions politiques », sans compter les pourparlers de paix, les médiations et les actions politico-militaires. Mais ce qui fait la force d'une diplomatie, désormais globale, repose sur la détention des éléments de la puissance, d'abord économique, l'organisation concrète de l'influence et la présence active dans des actions de coopération, de développement et de partenariat. Cette diplomatie, fondée d'abord sur une capacité à décider et à agir vite, à adapter perpétuellement son organisation, à comprendre les enjeux de demain et à traduire ceux-ci, deux coups à l'avance, en interventions dotées de moyens proportionnés, est à bâtir de toutes pièces. Ce n'est plus la diplomatie du secret, mais celle qui sait exprimer un projet, car il n'est de mobilisation qu'à ce prix.

Cette nouvelle diplomatie, pour laquelle j'ai proposé une organisation refondue, suppose une forte mobilité des facteurs – hommes et crédits –, des compétences techniques de haut niveau les plus diverses, une exploitation en temps réel de l'information, une faculté de planification stratégique, toutes choses aujourd'hui absentes non tant en raison de la faible qualité des personnes que d'un manque dramatique d'intelligence du monde au niveau collectif. Celle-ci n'est pas donnée, elle non plus, mais se construit à plusieurs dans un esprit de liberté. L'absence de document stratégique à moyen terme présentant les objectifs de la diplomatie française ainsi que l'organisation et les moyens qui y sont rattachés, comme il en existe pour la politique de défense et de sécurité, est le signe d'une faillite politique qui pèse sur la nation. La diplomatie reste aujourd'hui pour la plupart des citoyens un exercice lointain et abstrait, quelque peu superfétatoire, dont on ne voit pas les conséquences dans la vie quotidienne. Les questions internationales, au-delà des crises humanitaires et de quelques grands conflits, pour un temps au demeurant limité, restent extérieures à leur univers. Rien d'étonnant dès lors à ce que les crédits d'action extérieure soient depuis vingt ans sacrifiés, les errements dans leur gestion ne faisant qu'accroître les effets d'une absence de visée politique lors des négociations budgétaires.

Les élites et le peuple dans un même combat

Dans un débat à peine simplifié, deux schémas paraissent s'opposer. Le premier veut que la France n'ait d'autre choix que de rejoindre une voie dite « normale ». Celle-ci consiste à accepter le rang que lui assignent sa démographie et sa réalité économique et à s'adapter aux normes du fonctionnement mondial, puisqu'elle serait tout au mieux une nation moyenne parmi les nations moyennes de l'Europe. Un second lui enjoint de conserver son « exceptionnalité », liée à sa langue, à son histoire, à son statut de membre permanent du Conseil de sécurité et du G8. Elle devrait porter haut le « message » qu'elle a à adresser au monde. Le premier schéma l'oblige à mettre l'essentiel de son ambition sur son adaptation économique, en renonçant à une politique internationale trop ambitieuse dont elle n'aurait plus les moyens, contraintes budgétaires obligent. Le second la conduit au dépassement des affres de la vie quotidienne par une projection vers des objectifs qui transcendent sa situation réelle.

Ces deux schémas sont intenables pour des raisons symétriques qui tiennent à la méconnaissance du lien entre l'interne et l'externe. Le premier méconnaît qu'une politique extérieure nourrit à moyen terme la croissance intérieure et suscite dynamisme et intelligence. Il conduit la France à Clochemerle. Il ignore aussi la réassurance que la France peut trouver dans une projection internationale. Pacifier, comme on dit, la mondialisation, ce n'est pas la « passifier » par un simple discours de la contrainte, mais montrer que nous pouvons y être acteurs et que le politique dispose d'une stratégie en ce sens. Le second aboutit à ne pas donner au pays les bases concrètes de sa réussite et il projette Clochemerle sur le monde dans lequel, faute de puissance, il se fera plumer. Pour dépasser ces deux schémas, il faut apprendre à conjuguer puissance et normalité.

Il est donc temps d'imaginer autre chose et de faire valoir auprès d'une large fraction de la population que l'international est l'horizon normal et essentiel de son activité. On peut le montrer de manière abstraite – et reconnaissons qu'il est aujourd'hui difficile, quand bien même l'Europe gouverne notre vie quotidienne, de le faire pour les enjeux européens. L'abstraction est aussi présente dans le discours sur la mondialisation, même si beaucoup en subissent les effets dans leur vie. Dire aux gens qu'ils doivent faire des efforts – travailler plus, gagner moins, être plus mobiles sur le territoire – en raison de celle-ci conduit plus au rejet qu'à l'action. On devrait et pourrait le faire de manière concrète.

Même s'il ne concerne pas directement l'essentiel de la population, un plan de mobilisation de l'expertise internationale aurait cette vertu essentielle de montrer que nous ne sommes pas passifs devant les évolutions du monde. Celles-ci, par le développement des marchés liés aux besoins immenses des pays émergents et en transition, et l'obligation de répondre aux attentes considérables en matière de coopération universitaire et de recherche, nous sont profitables. Imaginons l'effet que créerait un plan de développement des activités internationales de nos centres de recherche et de nos universités, une action de mobilisation et de renforcement du secteur privé dans de multiples domaines, un appel public aux compétences dans le cadre d'une politique plus ambitieuse de coopération, la création de diplômes spécifiques de conseil international dans les grandes écoles commerciales, d'ingénieurs et les facultés de droit – mais aussi les écoles agricoles, d'urbanisme, etc. Tout ceci serait relayé par les organismes professionnels et les médias. Naturellement, les collectivités locales – c'est un besoin urgent – seraient aussi mobilisées tant est grande leur faculté d'expertise internationale sur de multiples projets à travers le monde.

Rêve, là encore ? Non, politique tout simplement.

Je ne sais pas ce que sera la France à la fin de ce siècle et personne ne peut sérieusement l'imaginer. Encore moins ai-je une idée de la perception que nous aurons alors des nations, à ceci près que la reconnaissance ira aux plus puissantes, aux plus riches, aux plus intelligentes – espérons aussi aux plus soucieuses de la dignité des personnes. Je crois néanmoins possible de préparer cet avenir incertain en mettant toutes les chances de notre côté. Les imprévisibilités du monde n'impliquent aucune inconstance sur ce qui a fait la force ou la mort des civilisations. Sauf à imaginer la survenue d'un homme différent et à entrevoir un autre mode de constitution de notre existence historique, je crois nécessaire d'appliquer au présent, et de susciter ce qui a bâti les conjonctions historiques les plus heureuses.

TABLE

Nicolas Tenzer, ancien élève de l'Ecole normale supérieure de la rue d'Ulm et de l'ENA, est président du Centre d'étude et de réflexion pour l'action politique (CERAP) et directeur de la revue *Le Banquet*. A la fois intellectuel et haut fonctionnaire, ancien chef de service au Commissariat général du Plan, on lui doit des ouvrages salués par la critique et le public (notamment *Le tombeau de Machiavel*, Flammarion, 1997, *La face cachée du gaullisme*, Hachette Littératures, 1998, *Les valeurs des Modernes*, Flammarion, 2003 et *France : la réforme impossible ?*, Flammarion, 2004) et des centaines d'articles scientifiques et destinés au grand public. Auteur de rapports officiels qui ont inspiré la réforme de l'Etat en France et à l'étranger, il a à deux reprises audité notre politique internationale. Il vient de passer un an et demi à parcourir le monde dans le cadre d'une mission interministérielle dont est issu le présent ouvrage.

Dans la même collection